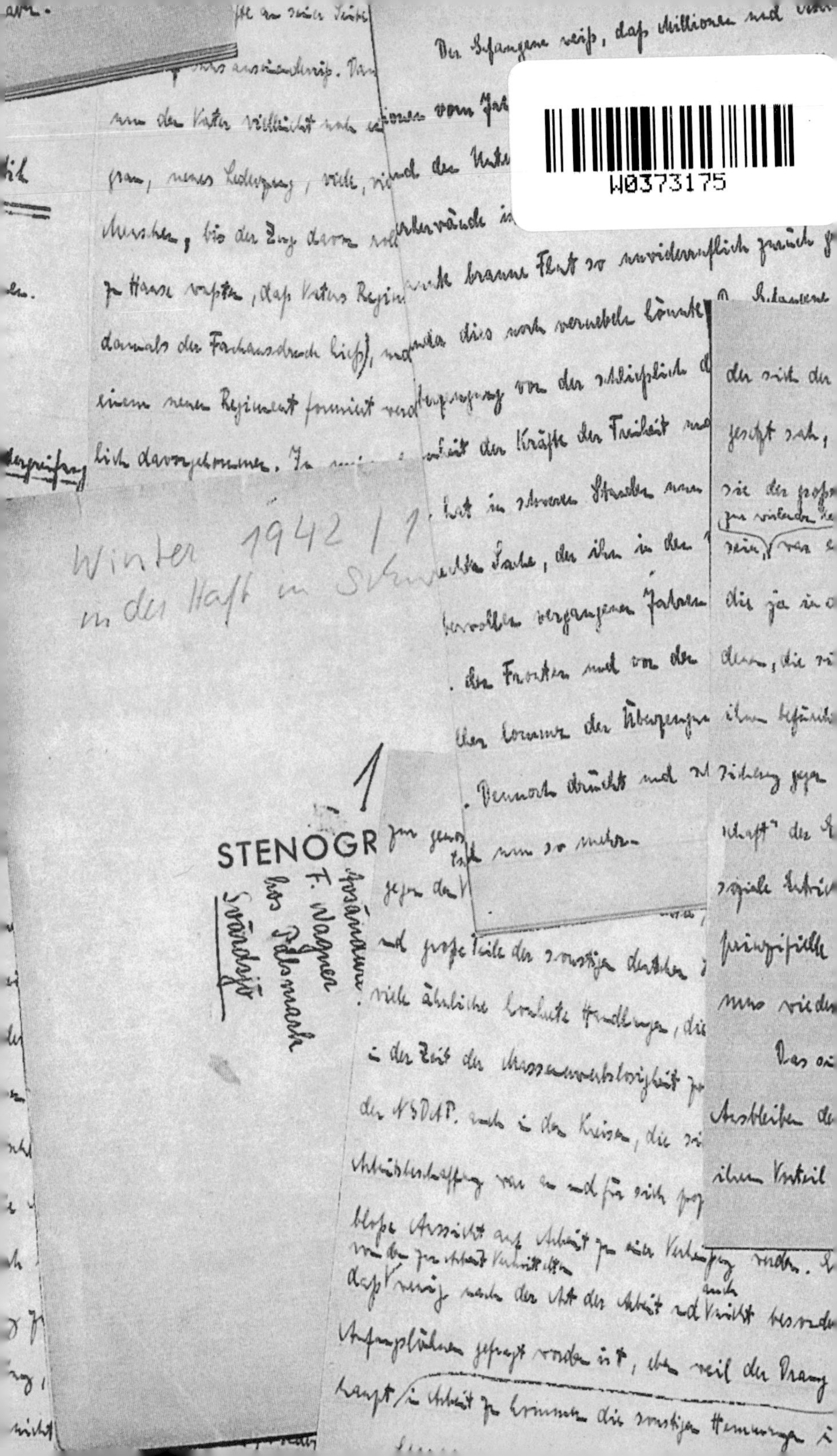

Winter 1942/1
in der Haft in S
1
STENOGR

[illegible]
[illegible]
[illegible]
[illegible]

SELBSTBESINNUNG UND SELBSTKRITIK

HERBERT WEHNER

SELBSTBESINNUNG UND SELBSTKRITIK

Gedanken und Erfahrungen eines Deutschen

Herausgegeben von
August Hermann Leugers-Scherzberg

Mit einem Geleitwort
von Greta Wehner

Kiepenheuer & Witsch

Umschlaggestaltung: Rudolf Linn, Köln
Umschlagfoto: Archiv Greta Wehner
Gesetzt aus der Berthold Bembo
bei Kalle Giese Grafik, Overath
Druck und Bindearbeiten: Mohndruck, Gütersloh
ISBN 3-462-02340-3

Inhalt

»War alles umsonst?«

In seinen noch halbwegs gesunden Jahren, am Ende seiner Arbeitszeit, im Alter von 76 Jahren, lautete ein bedrückter, zweifelnder Ausspruch Herbert Wehners: »War alles umsonst?«
Nicht allein, weil ich trösten wollte, auch weil ich, die Jüngere, hoffnungsvoller war, antwortete ich: »Was du gedacht, geschrieben, wie du gehandelt hast, wird nachwirken und den Nachwachsenden Anregung sein. Es war nicht vergeblich.«

Heute erleben wir in erschreckendem Ausmaß Gewalttaten junger Menschen. Ausgrenzung und Mord an Menschen anderer Herkunft, anderen Glaubens, Nichtseßhafte und Behinderte erinnern uns an die Schrecken der Vergangenheit.
Kurt Schumacher, dem ersten Nachkriegsvorsitzenden der Sozialdemokratischen Partei Deutschlands, war bewußt: Die Sozialdemokraten sind angetreten mit der Verpflichtung, eine Wiederholung der Schrecken der Vergangenheit auszuschließen. Dies verband ihn mit Herbert Wehner, der es als seine Aufgabe ansah, eine Wiederholung von 1933 zu verhindern. Dies ist der Hin-

tergrund des bedrückenden Zweifels: »War alles umsonst?«
Ein wesentlicher Grund »Selbstbesinnung und Selbstkritik« zu veröffentlichen, ist der Versuch, die Erfahrungen und das Aufarbeiten dieser Erfahrungen aus zwei Diktaturen anderen Menschen zugänglich zu machen, in der Hoffnung, daß nicht »alles umsonst« gewesen sein wird, sondern Anregung zur eigenen Beurteilung und Schlußfolgerung für politisches Denken und Handeln zu geben.
Ich fordere Sie auf, liebe Leserin, lieber Leser, den Text kritisch zu lesen, die Erfahrungen Herbert Wehners in Ihre Gegenwart umzusetzen und dazu beizutragen, daß sich die »Schrecken der Vergangenheit« nicht wiederholen können.

Bonn, im Juli 1993 *Greta Wehner*

Einführung des Herausgebers

Herbert Wehners unvollendet und unveröffentlicht gebliebene Schrift »Selbstbesinnung und Selbstkritik«, geschrieben im Winter 1942/43, ist immer wieder Gegenstand von Spekulationen geworden. Obwohl die Einleitung der Schrift bereits 1968 fast vollständig in dem Sammelband »Wandel und Bewährung« veröffentlicht worden war[1], fiel es dennoch schwer, Sinn und Zielsetzung der Schrift, wie sie von Wehner in der Einleitung umrissen worden waren, zu erfassen.

Die Mutmaßungen über den Inhalt waren dabei stets eng verwoben mit Mutmaßungen über die Entstehung einer zweiten Schrift Wehners. Es handelt sich dabei um die »Notizen«, die Wehner vom 23. Mai bis zum 23. Juli 1946 aus dem Gedächtnis niedergeschrieben hatte, um sich seine Erfahrungen aus der Zeit als kommunistischer Funktionär noch einmal vor Augen zu führen und diese Erfahrungen für einen Freund schriftlich festzuhalten.
Die »Notizen« wurden 1982 in dem Sammelband »Zeugnis« veröffentlicht[2]; sie waren allerdings schon seit längerer Zeit bekannt. Im März 1957 hatte Wehner im Zusammenhang mit einer Pressekampagne das Manuskript

vervielfältigen lassen und es einer Reihe von Repräsentanten des öffentlichen Lebens zugesandt. Davon war in den sechziger Jahren ein Raubdruck erschienen.
Die Authentizität dieser Schrift wurde von jeher bestritten, insbesondere die Angabe Wehners, daß er die »Notizen« erst am 23. Mai 1946 begonnen und aus dem Gedächtnis niedergeschrieben habe. In diesem Zusammenhang wurde immer wieder auf Wehners Schrift »Selbstbesinnung und Selbstkritik« verwiesen. Er hatte sie in den »Notizen« zweimal erwähnt und berichtet, daß er sie nicht zu Ende geführt hatte. Daraus wurde geschlossen, daß es sich dabei um einen ersten Versuch gehandelt habe, sich mit seiner kommunistischen Vergangenheit auseinanderzusetzen. Die Tatsache, daß im Titel der Schrift von 1942/43 das Wort »Selbstkritik« auftauchte, weckte zudem den Verdacht, daß die erste Schrift zunächst als eine Art stalinistische »Selbstkritik« entstanden sei, d. h. für kommunistische Parteiinstanzen, um persönliches Fehlverhalten gegenüber der Partei zu erklären. Später, so wurde gemutmaßt, seien dann Teile der ersten Arbeit unter neuen Vorzeichen in die »Notizen« eingegangen.[3]

Es lohnt sich, sich klarzumachen, daß das Bedürfnis, die Existenz einer stalinistischen Urschrift der »Notizen« anzunehmen, bereits vorhanden war, als noch kaum jemand überhaupt den Inhalt der »Notizen« kannte. Wehner hatte sich im Sommer 1956 um eine Verlagsveröffentlichung der »Notizen« bemüht. Sie waren aber als angeblich noch nicht »druckreif« zurückgewiesen worden.[4] Im November 1956 berichtete Erich Wollenberg dann in einem Schreiben, mit dem er bei Kurt Adam um »Belastungsmaterial« gegen Wehner nachsuchte:

> »Mir ist u. a. ein längeres Memorandum Wehners bekannt, das er noch 1944 aus Schweden nach Moskau sandte (Büro Dimitroff), in dem er sich als linientreusten Stalinisten anbietet, und seinem Konkurrenten Mewis den Vorwurf macht, nicht linientreu genug zu arbeiten. Dies Memorandum, das Wehner 1946 teilweise für die SPD umgearbeitet hat (aber nicht fertigstellte), müßte sich nach meinen Informationen noch in Skandinavien befinden, ich weiß nicht, ob nur in der ganz stalinistischen Urschrift oder mit den Teilkorrekturen, die für die SPD (Schumacher) berechnet waren.[5]

Damit war im Kern die Legende um die Entstehung der »Notizen« bereits entwickelt. Wollenberg diente allerdings eine Denkschrift als »stalinistische Urschrift«, die Wehner nach seiner Haftentlassung im Sommer 1944 Simon Sorkin übergeben hatte, um sie an Wilhelm Pieck weiterzuleiten, und die Wehner in den »Notizen« als »kurze Darstellung der Provokationen Mewis' und seiner Komplizen« bezeichnet hatte.[6] Ob diese Darstellung erhalten geblieben ist und ob sie Pieck erreicht hat, ist nicht bekannt. Hierin versuchte Wehner jedoch (wie auch später in einem Brief vom 17. März 1945 an Sven Linderot, den Vorsitzenden der schwedischen Kommunistischen

Partei, den Wehner ebenfalls in den »Notizen« erwähnt[7]) die Führung der KPD über den Verrat von Karl Mewis, dem Leiter der KPD-Auslandsleitung in Stockholm, im Polizeiverhör zu informieren. Da die Tätigkeit von Mewis in den »Notizen« jedoch nur am Rande behandelt wird, konnten diese Schriftstücke auf Dauer nicht ernsthaft als »Vorarbeiten« für die »Notizen« gelten. Diese Rolle übernahm deshalb »Selbstbesinnung und Selbstkritik«, und so wird diese Schrift heute in der wissenschaftlichen Literatur über Herbert Wehner gemeinhin als »Urschrift« der »Notizen« charakterisiert.[8]

Konnten die »Notizen« dadurch aber bereits als eine Kompilation früherer Rechtfertigungsversuche angesehen werden, so lag anscheinend auch die Vermutung nahe, daß Wehner noch nach 1946 ganze Teile der »Notizen« umgeschrieben habe.[9] Selbst in einem Lehrbuch zur Interpretation historischer Quellen fand schließlich die Behauptung Eingang, Wehner habe mit den »Notizen« das Ziel verfolgt, »sich durch eine ausführliche Darstellung seiner Lebensgeschichte mit entsprechend kritischem Unterton gegen die in der Bundesrepublik diffamierende Nachrede zu verteidigen, er sei Kommunist gewesen und daher wohl nicht ganz zuverlässig.«[10]

Mit der Veröffentlichung von »Selbstbesinnung und Selbstkritik« wird die Möglichkeit eröffnet, wissenschaftliche Fehlurteile zu korrigieren, die infolge von Diffamierungskampagnen gegen Wehner entstanden sind. Zudem tritt der Charakter der bereits veröffentlichten Wehnerschen »Notizen« deutlicher als bisher hervor. Hält man sich das ursprüngliche Gesamtkonzept von »Selbstbesinnung und Selbstkritik« vor Augen[11], so wird deutlich, daß es sich dabei um eine Arbeit handelt, die weit über die Zielsetzung hinausgeht, die Wehner später mit den »Notizen« verfolgte. Vielmehr unternahm Wehner mit den »Notizen« den Versuch, fortzuführen, was er in »Selbstbesinnung und Selbstkritik« begonnen hatte.

Was ist nun der Sinn von »Selbstbesinnung und Selbstkritik«?

Wehner hatte 1941 in Moskau den Auftrag übernommen, die KPD in Deutschland noch vor Ende des Krieges wieder aufzubauen. Wäre ihm dies gelungen, wäre ihm – das war ihm klar – faktisch die Führung der KPD zugefallen. Er hatte insgeheim vor, sie von der sowjetischen Diplomatie unabhängig und zum Kern einer demokratisch-sozialistischen Arbeiterbewegung in Deutschland zu machen. Seine Verhaftung in Stockholm am 18. Februar 1942 durchkreuzten sein Pläne.

Zur Wahrung der schwedischen Neutralität wurden während des Krieges Personen, die von Schweden aus auf den Sturz des NS-Regimes hinarbeiteten, strafrechtlich verfolgt. So wurde auch Wehner in zwei Prozessen zu einjährigen Haftstrafen verurteilt, die er in Einzelhaft und bis Januar 1943 mit einer Briefsperre belegt verbüßte. In dieser

Zeit beschäftigte er sich eingehend mit seiner politischen Zielsetzung. Er versuchte, sich noch einmal klar zu machen, wie es zum Zusammenbruch der deutschen Arbeiterbewegung 1933 gekommen war und kam zu dem Ergebnis, daß der tiefere Grund darin gelegen habe, daß die Arbeiterbewegung insgesamt die Demokratie preisgegeben habe. Bei der Suche nach den Ursachen dafür kam Wehner zu dem weiteren Schluß, daß dies nur im Zusammenhang mit einer Analyse der Voraussetzungen zur Machtergreifung des Nationasozialismus in Deutschland zu beantworten sei.[12] Seine Ergebnisse sollten ausformuliert die Deutschen zu Selbstbesinnung und Selbstkritik führen – Selbstbesinnung angesichts der durch den Nationalsozialismus hervorgerufenen Deformierung des gesellschaftlichen Lebens und Selbstkritik bei den Gegnern des Nationalsozialismus, die alle in der einen oder anderen Weise eine Mitschuld gehabt hatten.

Im ersten Teil seiner Arbeit geht es Wehner daher um eine exakte Bestimmung der Ursachen, die zum Erfolg des Nationalsozialismus in Deutschland führten. Er setzt sich dabei mit allen bis dahin – aber auch bis heute – gängigen Erklärungsmustern für die Machtergreifung des Nationalsozialismus in Deutschland auseinander, zeigt im einzelnen die Schwächen dieser Erklärungen auf und entwickelt einen eigenständigen Ansatz, der außerordentliche Beachtung verdient. Es gibt keine zweite Schrift Wehners, die deutlicher seine Art und Fähigkeit dokumentiert, politische Prozesse zu analysieren.

Für den zweiten Teil seiner Schrift hatte sich Wehner vorgenommen, den Zusammenbruch der deutschen Arbeiterbewegung zu analysieren und damit die Wirkungen des Nationalsozialismus auf die Arbeiterbewegung zu beschreiben. An dieser Aufgabe scheiterte er, denn es hätte bedeutet, die Kernprobleme der sozialistischen Bewegung in gleicher Weise klar zu erfassen, wie er das Wesen des Nationalsozialismus erfaßt hatte. Zur Beschäftigung mit den Problemen der sozialistischen Bewegung schrieb Wehner 1946 in den »Notizen«:

> »Bisher habe ich mich nicht zu einer Zusammenfassung meiner Erkenntnisse und Gedanken zu den Problemen der sozialistischen Bewegung aufgerafft. Es wäre vermessen, behaupten zu wollen, daß ich zu allen wesentlichen Fragen genau durchdachte Auffassungen mir gebildet hätte. In einigen Punkten weiß ich bisher nur, was nicht sein darf, wenn die sozialistische Bewegung wieder aufwärts gehen soll. [. . .] Die Notizen werden ein wesentlicher Schritt zur Ausarbeitung einer klar umrissenen Auffassung sein.[13]

Nachdem Wehner in »Selbstbesinnung und Selbstkritik« keine umfassende Analyse der sozialistischen Bewegung gelungen war, versuchte er also, sich mit den »Notizen« eine Art Materialsammlung zu schaffen, um zu den Kernproblemen der sozialistischen Bewegung vorzudringen. Inzwischen war ihm bewußt geworden, daß es innerhalb der kommunistischen Parteitheorie und -praxis eigenständige Wurzeln des Totalitarismus gab, die er in der »totalitären Lehre von der Partei und von der Diktatur des Proletariats« erkannte.[14] Diesen Gedanken verfolgte er in seinem Referat, das er am 25. Oktober 1946 vor der Sozialistischen Arbeitsgemeinschaft der SPD-Landesorganisation Hamburg hielt und das hier erstmals veröffentlicht wird, weiter. Er kam dabei zu dem Ergebnis, daß der auf eine Kampfideologie reduzierte Sozialismus mit Notwendigkeit zum Totalitarismus führen müsse und damit dem Nationalsozialismus an die Seite zu stellen sei. Der in »Selbstbesinnung und Selbstkritik« begonnene politische Selbstklärungsprozeß Wehners findet damit einen ersten Abschluß.

Beschreibung der Quellen

Die Schrift »Selbstbesinnung und Selbstkritik« ist im handschriftlichen Original im Nachlaß Herbert Wehners erhalten. Für die vorliegende Edition wurde auf diese Originalhandschrift zurückgegriffen. Die bisher veröffentlichten Auszüge aus der Einleitung wurden nach der Handschrift nochmals überprüft. Die damaligen, editorisch bedingten Auslassungen, die sich auf den Hauptteil der Schrift beziehen, werden nun vollständig wiedergegeben. Verschreibungen wurden stillschweigend verbessert; die Orthographie der heute üblichen Form angeglichen.
Die Schrift wurde mit blauer Tinte auf drei schwedischen Stenogrammblöcken niedergeschrieben. Sie tragen jeweils den von fremder Hand stammenden Vermerk: »Till Herbert Wehner, Nr. 846/KH. Avsändare: F. Wagner, hos Pålsmark, *Svärdsjö*«. Demnach wurden die Stenogrammblöcke von Frieda Wagner, bei der Herbert Wehner 1942 verhaftet worden war, dem Gefangenen in die Haftanstalt geschickt. Das Titelblatt enthält Titel und Gliederung der geplanten Schrift. Die weiteren Blätter sind von 1 bis 220 durchgehend handschriftlich numeriert worden. Da Wehner innerhalb der Schrift einen Querverweis auf ein anderes Blatt gibt, ist davon auszugehen, daß er die Paginierung selbst vorgenommen hat.
Der wiedergegebene Text folgt der überarbeiteten handschriftlichen Fassung. Da alle Korrekturen und Ergänzungen mit demselben Schreibwerkzeug wie die Urfassung

ausgeführt wurden, ist davon auszugehen, daß die Korrekturen und Ergänzungen Teil des Schreibprozesses selbst waren. Da es sich dabei ausschließlich um stilistische Verbesserungen handelt, wurde darauf verzichtet, Streichungen und Ergänzungen textkritisch zu vermerken. In der Einleitung finden sich vereinzelt Verbesserungen Wehners in Gabelsberger Stenographie. Sie werden in jedem Fall textkritisch vermerkt und, sofern sie entschlüsselt werden konnten, als Textvariante angemerkt.

Die Datierung der Schrift ergibt sich aus den Angaben im Text. Sie ist zum Jahresende 1942 begonnen worden. Für Wehner ist dies die Zeit nach Abschluß seines Gerichtsverfahrens in Schweden, in dem er zu einer Zuchthausstrafe von einem Jahr verurteilt worden war. Seine Haftzeit verbrachte er in Einzelhaft in den Strafanstalten in Falun, Vänersborg und Långholmen. Anschließend wurde er in das Internierungslager Smedsbo überführt, wo er erst im Sommer 1944 entlassen wurde.[15] Nach Kenntnis von Greta Wehner, die das Manuskript nach der Entlassung Wehners 1944 gelesen hat, hat Wehner in Smedsbo nicht mehr an »Selbstbesinnung und Selbstkritik« weitergearbeitet. Seitdem liegt die Schrift in unveränderter Fassung vor.

Für die historische Einordnung des Wehnerschen Referats vor der Sozialistischen Arbeitsgemeinschaft, Hamburg, am 25. Oktober 1946 ist es notwendig, sich kurz den weiteren Lebensweg Wehners seit seiner schwedischen Haftzeit vor Augen zu führen.

Nach Kriegsende 1945 trennte sich Wehner von der KPD, ohne daß ihm bekannt wurde, daß er bereits 1942 aus der Kommunistischen Partei ausgeschlossen worden war. In Weiterverfolgung seines Selbstklärungsprozesses[16], der sich in »Selbstbesinnung und Selbstkritik« schriftlich niedergeschlagen hatte, war Wehner bereits im Internierungslager Smedsbo und nach seiner Entlassung 1944 in Konflikt mit der kommunistischen Parteileitung geraten.[17] Bis zum Kriegsende versuchte er, gegen Karl Mewis, der ihn und andere im Polizeiverhör verraten hatte, ein Parteiverfahren in Gang zu setzen. Nach seinem Parteiaustritt war für Wehner klar, in welcher Gefahr er sich befand. Als ehemaliger Spitzenfunktionär der Kommunistischen Partei mußte er jederzeit damit rechnen, liquidiert zu werden.[18] Seine Lage spitzte sich daher im Frühjahr 1946 dramatisch zu, als ihm von Schweden aus die Abschiebung in die Sowjetische Besatzungszone Deutschlands drohte.[19] Nachdem es gelungen war, dies abzuwenden, begann er am 23. Mai 1946 in Uppsala mit der Niederschrift der »Notizen«, die er am 23. Juli 1946 abschloß. Außer den in der Niederschrift angegebenen Motiven erklärte er dies damit: »ich wollte, dies Schriftstück sollte an irgendeiner Stelle hinterlegt sein, wenn mir etwas Menschliches zustieße[16]. Die Durchschrift der »Notizen« ließ er durch Peter Blachstein, der Ende Juli 1946 von Uppsala aus über Oslo nach New York reiste[21], dem ehemaligen Wirtschaftsredakteur der »Roten Fahne«, Günter Reimann, zukommen. Reimann war Mitte der dreißiger Jahre aus der KPD ausgetreten.[22] Seit 1940 wirkte er am

International Statistical Bureau in New York.[23] Anfang der dreißiger Jahre hatten Reimann und Wehner in Berlin zu einem Zirkel gehört, in dem kritische KPD-Funktionäre politische Fragen offen diskutiert hatten. Im Februar 1946 erfuhr Wehner, wo sich Reimann aufhielt, und nahm zu ihm Kontakt auf, um den politischen Gedankenaustausch wieder aufzunehmen. Mit Blick auf Reimann verfaßte Wehner dann auch seine »Notizen«.[24]

Nachdem Wehner im September 1946 die Erlaubnis zur Einreise in die Britische Besatzungszone erhalten hatte[25], reiste er am 19. September 1946 nach Trelleborg, um von dort aus nach Lübeck überzusetzen. Ende September 1946 traf er in Hamburg ein.

Nach Einschätzung von Greta Wehner, die die letzten Monate Wehners in Schweden unmittelbar miterlebt hat, hatte Wehner schon in Schweden den Entschluß gefaßt, nach seiner Rückkehr nach Deutschland in die Sozialdemokratische Partei einzutreten. Zum einen hatte er von Schweden aus nach Kriegsende die Bestrebungen zur Bildung einer Sozialistischen Einheitspartei in Deutschland bekämpft[26], zum anderen hegte er schon frühzeitig aufgrund der ihm in Schweden zugänglichen Informationen unverhohlene Bewunderung für Kurt Schumacher[27]. Zudem spielte Josef Wagner[28], 1941/42 ein enger Mitarbeiter Wehners in Schweden und seitdem mit ihm befreundet, in der Hamburger SPD seit seiner Rückkehr nach Deutschland im Sommer 1945 eine wichtige Rolle. Als

Wehner Ende September 1946 in Hamburg eintraf, wohnte er zunächst bei Josef Wagner; am 8. Oktober 1946 trat er in die SPD ein.[29]
Daß Wehner bereits zwei Wochen später vor der Vollversammlung der Sozialistischen Arbeitsgemeinschaft in Hamburg referierte, war bedeutsam. Die Sozialistische Arbeitsgemeinschaft war ein offizielles Beratungsgremium des Parteivorstandes der Hamburger Landesorganisation der SPD. Sie war in vier Ausschüsse (Agrar-, Finanz-, Wirtschafts- und Wohnungsausschuß) gegliedert. Die Vollversammlung beriet zum einen die Arbeitsergebnisse der Ausschüsse, bevor sie an den Parteivorstand weitergeleitet wurden; zum anderen wurden vor der Vollversammlung Vorträge zu allgemein interessierenden Fragen gehalten. Mitgliedschaft in der Sozialistischen Arbeitsgemeinschaft konnte nur durch Kooptation im Einvernehmen mit dem Parteivorstand der Hamburger SPD erworben werden. Die Mitglieder der Arbeitsgemeinschaft der Sozialistischen Geistesarbeiter, Hamburg, waren berechtigt, an den Vollversammlungen der Sozialistischen Arbeitsgemeinschaft teilzunehmen.[30]

Die Vorträge, so auch der Vortrag Wehners, wurden von der Sekretärin der Sozialistischen Arbeitsgemeinschaft, Käthe Plume, stenographiert[31] und anschließend zur Korrektur abgeschrieben. Die korrigierte Fassung wurde im Umdruckverfahren vervielfältigt, um sie – wie im Fall des Wehnerschen Referats – den Referenten der SPD-Landesorganisation zur Verfügung zu stellen. Da die in

Hamburg erarbeiteten Referentenmaterialien auch dem Parteivorstand der SPD in Hannover zugesandt wurden, ist davon auszugehen, daß ein Exemplar des Wehnerschen Referats auch an das Büro Schumacher ging.
Vom Referat Wehners sind im Bestand der SPD-Landesorganisation Hamburg sowohl die unkorrigierte Abschrift des stenograpischen Protokolls als auch mehrere Exemplare der korrigierten und vervielfältigten Fassung überliefert.[32] Der hier abgedruckte Text folgt der korrigierten Fassung. Wehners Korrekturen, die sich aus einem Vergleich der beiden Fassungen ergeben, werden gesondert nachgewiesen.

Danksagungen

Für Auskünfte zu Wehners Stenographie habe ich Herrn Günther Winkler, Oberhachingen, zu danken; Frau Barbara Richter vom Archiv der sozialen Demokratie für ihre unermüdliche Bereitschaft, mir mit Rat und Tat zur Seite zu stehen. Frau Helga Bölke, Münster, hat mir bei der Abschrift des Textes geholfen. Frau Erika Stegmann und Herr Dr. Reinhold Neven Du Mont haben verlagsseitig die Entstehung des Buches mit außerordentlichem Interesse verfolgt und gefördert.
Frau Greta Wehner danke ich, daß sie mir auf meine Nachfrage hin das Manuskript von »Selbstbesinnung und Selbstkritik« zugänglich gemacht, meinen Argumenten für eine Veröffentlichung aufmerksam Gehör geschenkt

hat und schließlich auch bereit war, das Geleitwort zu schreiben.
Meiner Frau, Lucia Scherzberg, danke ich wieder einmal für gute Anregungen, engagierte Kritik und hilfreiche Ermutigung.

1 Vgl. Herbert Wehner, Wandel und Bewährung. Ausgewählte Reden und Schriften 1930-1967, hrsg. von H.-W. Graf Finckenstein und G. Jahr, Frankfurt/M.-Berlin und Hannover 1968, S. 35-47.

2 Vgl. Herbert Wehner, Zeugnis, hrsg. von Gerhard Jahn, Köln 1982 (Lizenzausgabe: Halle/Leipzig 1990), S. 27-273 Taschenbuchausgabe, Bergisch Gladbach 194, S. 28-316).

3 So zunächst zurückhaltend bei Alfred Freudenhammer/ Karlheinz Vater, Herbert Wehner. Ein Leben mit der Deutschen Frage, München 1978, S. 144: »Es scheint kaum zweifelhaft, daß lange Passagen der nach Wehners Auskunft unvollendet gebliebenenen Haftarbeit 1946 in die ›Notizen‹ übernommen wurden.« Bei Hartmut Soell, Der junge Wehner. Zwischen revolutionärem Mythos und praktischer Vernunft, Stuttgart 1991, S. 505 und S. 601, wird daraus eine ungeprüfte Behauptung; bei Reinhard Müller, Die Akte Wehner. Moskau 1937 bis 1941, Berlin 1993, S. 18f., eine feststehende Annahme mit abenteuerlichen Schlußfolgerungen. Zuletzt auch übernommen von Wayne C. Thompson, The political odyssey of Herbert Wehner, Boulder/San Francisco/Oxford 1993, S. 85.

4 Vgl. Hans Oprecht, Zürich, an Wehner vom 6. August 1956, in: Archiv der sozialen Demokratie (=AdsD), SPD-Bundestagsfraktion, 2. Wahlperiode, Nr. 12. Im März 1957 scheiterte außerdem eine geplante Veröffentlichung bei der Europäischen Verlagsanstalt. Aufgrund innerparteilicher Querelen um den Druckkostenzuschuß zog Wehner das Manuskript wieder zurück. Vgl. Kalbitzer an Wehner vom 15. März 1957, in: ebd. Nr. 10; Wehner an Eichler vom 16. März 1957 (Durchschlag), Wehner an Eichler vom 22. März 1957 (Durchschlag) und Eichler an Wehner vom 25. März 1957, alle in: ebd. Nr. 9.

5 Erich Wollenberg an Kurt Adam vom 8. November 1956. Original im Nachlaß Wehner.

6 Wehner, Notizen, in: ebd., S. 272 (TB: S. 315).

7 Vgl. ebd., S. 273 (TB: S. 315). Der Brief an Sven Linderot ist im Nachlaß im Durchschlag erhalten.

8 Vgl. oben Anm. 3.

9 Vgl. Müller, Akte Wehner, S. 16, Anm. 15, der sich bezeichnenderweise dabei auf Erich Wollenberg bezieht.

10 Peter Hüttenberger, Überlegungen zur Theorie der Quelle, in: Bernd-A. Rusinekk / Volker Ackermann / Jörg Engelbrecht (Hrsg.), Einführung in die Interpretation historischer Quellen. Schwerpunkt: Neuzeit, Paderborn u. a. 1992, S. 257.

11 Vgl. unten S. 32

12 Materialien dazu vom Sommer 1942 befinden sich im Nachlaß Wehner.

13 Wehner, Notizen, in: ders., Zeugnis, S. 28f. (TB: S. 30).

14 Wehner, Notizen, in: ders., Zeugnis, S. 60 (TB: S. 67); vgl. auch ebd., S. 62 (TB: S. 69).

15 Vgl. Wehner, Notizen in: ders., Zeugnis, S. 272 (TB: S. 314; Freudenhammer/Vater, Wehner, S. 128f.

16 Den Beginn dieses Selbstklärungsprozesses datierte Wehner in das zweite Halbjahr 1941. Vgl. Wehner, Notizen, in: ders., Zeugnis. S. 30 (TB: S. 32).

17 Vgl. Wehner, Notizen, in: ders., Zeugnis, S. 272 (TB: S. 315); Freudenhammer/Vater, Wehner, S. 132f.

18 Vgl. zu den Attentatsversuchen der KPD/SED: Stefan Thomas an Fritz Heine vom 22. August 1949 (Streng vertraulich), in: AdsD, Sammlung Personalia Nr. 3362; ferner DER SPIEGEL Nr. 41 vom 6. Oktober 1954, S. 19.

19 Vgl. Ingrid Segerstedt Wiberg, Den sega livsviljan. Flyktingö-

den under förintelsens och förvirringens tid. Stockholm 1979. S. 201-204.

20 H. Wehner, Erklärung zu einer Veröffentlichung der Zeitung »Dagens Nyheter« vom 11. März 1957, in: Wehner, Zeugnis, S. 297 (TB: S. 343). Vgl auch Freudenhammer/Vater, Wehner, S. 146f.

21 Vgl. Blachsteins Notizbuch »Notes«, in AdsD, Nachlaß Peter Blachstein, Nr. 2. Demnach verließ Blachstein am 27. Juli 1946 Oslo und erreichte am 6. August 1946 New York.

22 Vgl. Wehner, Notizen, in: ders., Zeugnis, S. 202 (TB: S. 232).

23 Zu Reimann vgl. Biographisches Handbuch der deutschsprachigen Emigration nach 1933, Band I: Politik, Wirtschaft öffentliches Leben, München u. a. 1980, S. 593. Daß Günter Reimann der Empfänger der Durchschrift war, geht aus dem Briefwechsel mit Wehner hervor.

24 Teile des Briefwechsels zwischen Wehner und Reimann befinden sich im Nachlaß Wehner.

25 Vgl. das Telegramm des Statens Utlänningskommission, Stockholm, an Herbert Wehner, Uppsala, vom 14. September 1946, in: Nachlaß Herbert Wehner.

26 Vgl. Günter Gaus, Zur Person: Herbert Wehner. Interview im Zweiten Deutschen Fernsehen am 8. Januar 1964, abgedruckt in: Wehner, Zeugnis, S. 315 (TB: S. 365f.).

27 Vgl. Wehner an Schumacher vom 25. November 1949 (Durchschlag), in: Nachlaß Wehner: »..., weil ich durch Dich meine politische Heimat gefunden habe, d. h. weil ich nach meiner schweren Krise, noch in Schweden, durch Deine Stimme, die ich dort im Rundfunk hörte, die Hilfe bekam, die ich brauchte, um richtig weiter zu gehen.« Ferner Reinhard Appel, gefragt: Herbert Wehner, Bonn 1969, S. 43: »Wehner: [...] Kurt Schumacher, der für mich unmittelbar nach dem Krieg – noch ehe ich ihn selbst gesehen habe, als ich nur aus dem Rundfunk von ihm habe hören können – viel bedeutet hat, [...]«

28 Josef Wagner (1898-1967), Lehrer aus Hamburg, seit 1928 Mitglied der KPD, verheiratet mit Frieda Wagner. 1934 emigrierte er aus Deutschland. 1941 hielt er sich vorübergehend im Auftrag Wehners zu illegaler Arbeit in Deutschland auf; bei seiner Rückkehr nach Schweden wurde er verhaftet. 1944 vermittelte er Wehner eine Anstellung als wissenschaftlicher Hilfsarbeiter in Uppsala. Im Sommer 1945 kehrte er nach Hamburg zurück und trat der SPD bei. Seit April 1946 war er Wirtschaftsredakteur beim »Hamburger Echo« und Mitglied des Landesvorstands der Hamburger SPD, später langjähriger Kreisvorsitzender der SPD in Altona und Mitglied im geschäftsführenden Landesvorstand.

29 Vgl. das erste Parteibuch Herbert Wehners, in: Nachlaß Herbert Wehner. Darin ist als Wohnadresse auch die Adresse Josef Wagners angegeben.

30 Vgl. dazu die Materialien in: AdsD, SPD-Landesorganisation Hamburg, Nr. 280.

31 Vgl. Hellmut Kalbitzer, Widerstehen oder Mitmachen. Eigensinnige Ansichten und sehr persönliche Erinnerungen, Hamburg 1987. S. 90.

32 AdsD, SPD-Landesorganisation Hamburg, Nr. 584 (unkorrigierte Abschrift), Nr. 280 und 585 (korrigierte Exemplare).

Selbstbesinnung und Selbstkritik

Gliederung

Einleitung
Wieder gut machen

Das Jahr 1942 geht in grauer Unbestimmtheit zu Ende. Um so deutlicher und quälender vernimmt der Einsame in der Gefängniszelle die Stimmen in seinem Innern. Sie lassen ihn nicht zur Ruhe kommen. Sie sind schlimmer als die bohrenden, sägenden Gedanken, die wohl keinem politischen Gefangenen fremd sind und sich um den Punkt bewegen, wie es – seit er aus der Kampflinie gerissen worden ist – um seine Sache steht. Die Stimmen, die im Grau des Jahresübergangs von 1942 zu 1943 den Gefangenen peinigen, sind schlimmer, weil in der Ungewißheit, in der die Konturen des bevorstehenden Jahres noch verschwimmen, eines mit Unerbittlichkeit festzustehen scheint:

Der Weg des eigenen, des deutschen, Volkes.

Jeder Gedanke an das eigene Volk und sein Schicksal wird zu einem Dorn und Stachel. Herz und Hirn werden unablässig von solchen Stacheln gemartert.

Der Gefangene weiß, daß Millionen und aber Millionen Menschen aller Nationen vom Jahr 1943 die große

Entscheidung erhoffen, die der Welt wieder Frieden und den Unterdrückten und Gepeinigten Freiheit bringen soll. Auch durch die Kerkerwände ist es zu spüren, daß die Stunde näher kommt, von der an die sogenannte braune Flut so unwiderruflich zurückgehen wird, daß keinerlei Propaganda dies noch vernebeln könnte. Der Gefangene hat jetzt nicht mehr nur seine Überzeugung von der schließlich doch einmal entscheidend hervortretenden Überlegenheit der Kräfte der Freiheit und des Fortschritts über die Mächte der Barbarei; er hat in schweren Stunden nun schon mehr als seinen Glauben an den Sieg der gerechten Sache, der ihn in den von Stürmen, Zusammenbrüchen, Panik oft so übervollen vergangenen Jahren gestützt und gestärkt hat. Tatsachen vom Kampf an den Fronten und von den Anstrengungen der gegen den Nazismus kämpfenden Völker kommen der Überzeugung und dem Glauben des Einsamen nun zu Hilfe. Dennoch drückt und schmerzt gerade jetzt jeder Gedanke an das eigene Volk um so mehr.

Die Erinnerung kehrt wieder und wieder zu dem endlos scheinenden grauen Zug der vielen hunderttausend Berliner Werktätigen zurück, der in dem beißend kalten Januar des Jahres 1933 am Karl-Liebknecht-Haus auf dem Bülow-Platz vorbeimarschierte. Zehn Jahre ist es her, seit die Werktätigen Berlins auf eine so ergreifende, packende – heute denkt man: erschütternde – Weise ihre Bereitschaft zur Abwehr der überhängenden Gefahr kundgaben. Die an jenem eiskalten Spätnachmittag, kurz nach dem Scheitern der Regierung des Generals Schleicher, am Karl-

Liebknecht-Haus demonstrierenden Hunderttausende und aber Hunderttausende glühten, wie das Rot ihrer Fahnen im Dunkel, erfüllt von dem Willen, ihre Pflicht zu tun, sich mit Leib und Seele dem drohenden Verhängnis entgegenzustemmen. Diese Werktätigen Berlins – ausgemergelt und zerschlissen von schweren Krisenjahren – fühlten besser als viele politische Führer der damaligen Zeit, daß die Stunde gekommen war, in der ein Machtwort gesprochen und ihm entsprechend gehandelt werden mußte: Einigkeit gegen die sonst unvermeidliche Nazi-Diktatur! – Wie viele von jenen vielen Hundertausend sind dann, jeder einzeln, in Konzentrationslager, SA-Kasernen und -Sturmlokale, Arbeitslager, Gestapo-Keller geschleppt worden? Wie viele von ihnen wurden zu Tode gequält, in Gefängnismauern eingesargt? Wie vielen wurde durch Blockwalter, Vorarbeiter, Obmänner und andere Organe der braunen Staatsmacht das Leben zur Hölle gemacht? Und wie viele gingen im braunen Alltag einfach kümmerlich zugrunde, zerfressen und zermürbt von den Sorgen, ohne Hilfe und Halt?

Nach allem, was seitdem, in zehn inhaltsschweren Jahren, geschehen ist, kann und will der einsame Gefangene die Werktätigen Berlins vom Januar 1933 nicht post festum zu Heroen stempeln. Aber wenn er sich vergegenwärtigt, wie viel Treue, Eifer, Ergebenheit, Pflichtgefühl, Begeisterung, Einsicht, Erbitterung damals zu einer großen, disziplinierten Bereitschaft verschmolzen, so fühlt er noch heute den Pulsschlag der grauen Kolonnen mit den brennend roten

Fahnen – und fühlt sich eins mit jenen Männern und Frauen, deren Gesichter schon damals davon sprachen, daß sie mehr Not und Entbehrung kennengelernt als der Durchschnittseuropäer jener Zeit, und deren Herzen doch so opferbereit schlugen.

Wie einfach und wie tröstend wäre es, dürfte man sich vorstellen, daß nun, nach zehnjähriger Wanderung durch Finsternis, auch diese schwer geprüften Menschen einen Schimmer des Lichts erblicken, der ihnen ankündigt, daß die lange blutige Nacht bald einem Morgen weichen muß.

Wie gern verbindet der einsame Gefangene in seinen Gedanken die Wünsche der Unterdrückten in den vom Krieg und der nazistischen Okkupation verheerten Ländern mit den Wünschen und der Sehnsucht der Unterdrückten in seinem eigenen, im deutschen, Volk. Wäre es möglich, daß sie alle einander die Hände reichten, daß der Tag, der jenen die Freiheit bringt, auch – und gerade eben deshalb – zum Feiertag dieser werden könnte! Die Narben, die von den allzuvielen Wunden der letzten zehn Jahre zeugen, könnten mit Stolz und Zufriedenheit getragen werden; der Schmerz um die Opfer würde gemildert durch das Bewußtsein, daß ihr Blut dennoch nicht vergebens floß.

Aber die Wirklichkeit ist nicht so einfach. Zwischen die Unterdrückten in den von der nazistischen Okkupation verheerten Ländern und die namenlose graue Menge, die innerhalb des deutschen Volkes selbst seit 1933 geplagt, geschunden, gepreßt und vergewaltigt wird, hat sich wie ein vergiftetes bitteres Meer die Schuld des nazistischen Regimes gedrängt. Über dies trennende Meer gibt es keine Brücke, so lange nicht offenkundig vor der Menschheit das deutsche Volk das Seine getan haben wird, um jede Identifikation des schuldbeladenen Regimes mit dem deutschen Volk als Gesamtheit auszuschließen.

Wer aber darf nun, an der Schwelle des Jahres 1943, noch erwarten, daß die latente Opposition im deutschen Volk zu einer effektiven wird und daß die Gegner des Nazismus in Deutschland einen positiven Beitrag zur Entscheidung des Ringens zwischen den Kräften der Freiheit und den Mächten der Barbarei in die Waagschale der Freiheit zu legen vermöchten? Nach den vielen herben Erfahrungen der Jahre seit 1933, nach den ungezählten Anstrengungen, Fehlschlägen und blutigen Opfern ist kein Raum mehr für Wunschträume.

Soll dann alles, was von Angehörigen des deutschen Volkes seit 1933 in mühsamem »unterirdischen« Kampf geleistet und geopfert worden ist, vergebens gewesen sein, insofern es nicht dazu beigetragen hat, das Regime an der Gewaltherrschaft über die unterdrückten Völker zu hindern? Soll die Erinnerung an die Märtyrer des ungleichen Kampfes, der seit 1933 in Deutschland gekämpft worden ist, verdunkelt werden durch den Vorwurf, den eine ganze

Menschheit gegen das deutsche Volk als Ganzes erheben wird? Sollen am deutschen Volk die inhaltsschweren Worte Wirklichkeit werden, die der Bischof von Münster im August 1941 einer Predigt zugrunde legte:

> »Jerusalem, Jerusalem, die du tötest die Propheten und steinigst, die zu dir gesandt sind! Wie oft habe ich deine Kinder versammeln wollen, wie eine Henne versammelt ihre Küchlein unter ihre Flügel; *und ihr habt nicht gewollt*! – Siehe, euer Haus soll euch wüst gelassen werden.«*

Dem Gang der Ereignisse vorzugreifen, ist unmöglich. Das Urteil der Geschichte über historische Tatsachen durch Entschuldigungen zu korrigieren, ist gleichfalls unmöglich. Was auch noch im Schoße der Zeit liegen mag, für den Deutschen, den heute jeder Gedanke an das eigene Volk wie ein Stich schmerzt, weil jenes: »und ihr habt nicht gewollt« wie ein Urteil über dem Volk als Ganzem schwebt, und der es doch nimmer lassen kann, mit Liebe und Sorge an dies Volk zu denken, gibt es auch jetzt eine Aufgabe, eine Pflicht.

Wohl wird noch manchen der Schmerz taub machen gegen das Gebot der Pflicht. Wohl mag mancher ermüden oder verzagen. Andre mögen wohl in der Enttäuschung nach einem leichteren Ausweg, abseits vom eigenen Volk, suchen und gar den oder jenen finden, der mühelos gang-

* Matthäus 23,37

bar zu sein scheint. Mir aber ist es unmöglich, das eigene Volk allein zu lassen, gerade wenn und weil es unter der Last von Schuld, die das nazistische Regime aufgehäuft hat, mitschuldig geworden und zusammengebrochen ist.

Der einsame Gefangene verschweigt sich selbst nicht die skeptische Frage: Wer wird denn nach Dir verlangen, der Du schon zehn Jahre in Deinem eigenen Volk ein Fremder warst, dem niemand Gastfreunschaft gewähren durfte, ohne sich schwerer Strafe auszusetzen?*

Der Gefangene errinnert sich mancher bitterer Stunden, in denen Enttäuschungen, Beweise von Feigheit, Halbheit oder Schlimmerem ihn zu Boden drücken wollten. Er fühlt sich wieder in jene Zeiten versetzt, in denen er – unter Aufbietung all seiner Energien – gegen den laut rauschenden Strom verzückter, fanatisierter Massen schwamm. Er denkt der unvergeßlichen Augenblicke des Zusammenseins mit Kameraden, die später dem grausamen Feind in die Hände fielen. Und doch – oder: gerade deshalb weiß er in seinem Schmerz um das eigene Volk und dessen unvermeidlich hartes Schicksal, daß die zehn Jahre des Kampfes, die er seit 1933 durchlebte, erst dann tatsächlich vergebens durchgekämpft worden wären, wenn er nicht die Pflicht verstünde, die sich nun ergibt.

* An dieser Stelle ist in der Handschrift eine Notiz in Gabelsberger Stenographie, die nicht entschlüsselt werden konnte.

Unausweichlich kommt die Zeit, in der die Völker, deren Länder mit Krieg überzogen, ausgesogen und geschändet worden sind, vom deutschen Volk Rechenschaft heischen werden. Vertragsbrüche und Meineide, wie sie im Völkerleben noch unbekannt waren, Überfälle und die systematische Ausrottung ganzer Nationen, wie sie vordem von keiner noch so ausschweifenden Fantasie unter zivilisierten Völkern für möglich gehalten wurden, das unbeschreibliche Grauen ganzer Völker vor einer von Deutschland aus die Menschheit zu verpesten drohenden Vergiftung – dies alles wird dem deutschen Volk zur Last gelegt werden, weil es denen, deren entmenschte Gehirne diese Pläne entworfen haben und unter deren Führung ihre grausige Verwirklichung vollzogen wurde, als Werkzeug zu Willen gewesen ist. Noch ist unvorstellbar, wie erdrükkend das Anklagematerial sein wird, in seiner Wucht erhöht durch das Zeugnis vieler Millionen Menschen, denen auf irgendeine Weise von den nazistischen Machthabern und ihren ausführenden Organen Leid und Schaden zugefügt worden sind.

Der Anklage, diese Verbrechen ermöglicht zu haben dadurch, daß ihren Anstiftern die Kraft eines ganzen großen Volkes und die Hilfsmittel eines technisch besonders fortgeschrittenen Landes zur Verfügung gestellt worden sind, dieser Anklage wird sich das deutsche Volk nicht durch Ausflüchte zu entziehen vermögen. Denn so bitter auch immer große Teile des Volkes unter dem ihnen auferlegten Zwang gelitten haben, ist unbestreitbar, daß dem Nazismus die Unterwerfung und Ausnützung des ganzen Volkes gelungen ist. Ebensowenig wird der Komplex der gegen die ganze Menschheit begangenen Verbrechen sich einfach in unzählige Einzelhandlungen auflösen lassen, für die sich Fall für Fall Verantwortliche namhaft machen lassen. Denn diese einzelne Untat ist in diesem Komplex nur als Bestandteil des Komplexes oder als Glied einer Kette zu verstehen. Die Erschießung eines siebzigjährigen Belgiers – die als Strafe für dessen Hilfeleistung an einen englischen Flüchtling ausgegeben worden ist –, wie die Erschießung von je 200 Serben für einen im Kampf getöteten deutschen Soldaten, die über 1200 Geiselerschießungen in der Tschechoslowakei – die als Vergeltung für die Erschießung des für ein unbeschreibliches Terrorregiment persönlich verantwortlichen Gestapobefehlshabers Heydrich vorgenommen wurden –, wie die Ausplünderung und Tötung des einzelnen Polen oder Juden, die mit seiner Eigenschaft als Jude oder Pole oder überhaupt nicht motiviert worden ist, – all diese furchtbaren Einzeluntaten bleiben als Einzeluntaten unverständlich, wenn sie nicht als Teile eines grauenhaften Systems begriffen werden. Aber ebenso ist umgekehrt dies System nur zu begreifen, wenn man es sich in den Verzweigungen und Verästelungen seiner einzelnen Äußerungen und deren Täter vor Augen führt.

Es gibt kaum ein Gebiet des menschlichen Lebens, das in den Ländern, in denen der Nazismus Macht ausüben konnte, durch seinen Einfluß nicht verunstaltet, verzerrt, vergiftet worden wäre und Schaden genommen hätte. Seine zersetzenden und deformierenden Wirkungen über die Grenzen seines eigentlichen Machtbereichs hinaus sind noch unübersehbar.

So notwendig und verdienstvoll im Interesse des Friedens und des Fortschritts der Menschheit es sein wird, möglicherweise alle einzelnen Schadenstifter aller Schuldgrade aufzufinden und zur Rechenschaft zu ziehen, so klar muß man sich aber doch darüber sein, daß nach dem Kriege mehr – bedeutend mehr – zu tun bleibt als diese gewissermaßen kriminalistische und juristische Arbeit.

Es bleibt festzustellen, wie der Bazillus entstand, wodurch er genährt und übertragen wurde. Dies ist nicht in erster Linie aus historischen oder allgemein soziologischen Interessen vonnöten, sondern aus ganz aktuellem Grunde: Denn es bleibt das deutsche Volk, das dem Nazismus als erstes zum Opfer fiel und das von ihm als Werkzeug zur Verheerung Europas und der Menschheit mißbraucht worden ist.

Unausweichlich kommt die Zeit, in der das deutsche Volk der Wahrheit ins Antlitz wird sehen müssen. Wenn – zum Schmerz derer, die sich bemüht haben, ihrem Volk die Wahrheit vor der endgültigen Katastrophe zum Bewußtsein zu bringen – das deutsche Volk erst dieser schwersten Katastrophe bedurfte, um sehen zu lernen, so wird es um so mehr der Hilfe bedürfen, um wieder gesund zu werden.

Daß aber das deutsche Volk wieder gesund werde, daß es von Grund auf gesunde, das erfordert auch der Wiederaufbau, der nach dem Krieg der ganzen Menschheit, wohl zum ersten Mal in ihrer Geschichte so universal, als Aufgabe bevorstehen wird.
Die Niederlage und der Zusammenbruch des nazistischen Regimes sind erst Voraussetzungen zur, aber nicht die Befreiung und Gesundung des deutschen Volkes selbst. Zwar sind militärische Niederlage und Zusammenbruch des nazistischen Regimes notwendige Bedingungen zur Gesundung und zur Wiedergeburt des deutschen Volkes, aber sie führen diese nicht automatisch oder mechanisch herbei.

Hier eben erhebt sich die neue, schwere Aufgabe, deren Erfüllung für den Deutschen, der sein Volk wirklich liebt, zur Pflicht wird. *Damit das Volk wieder gesund werde, bedarf es der Selbstbesinnung und der Selbstkritik.* Es darf sich nicht vor dieser Lebensaufgabe auf Seitenwege abdrängen oder lokken lassen, wenn es nicht zu Grunde gehen will. Gefährliche Seitenwege, die in Moraste und in Abgründe führen, wären es, wenn das Volk sich einen Panzer aus Ausflüchten und Entschuldigungen zusammenflicken ließe. Gewiß wird die Geschichte einst zu urteilen haben, in welchem Maß Hitler und seine Mitverschworenen durch Staatsmänner oder sonst einflußreiche Personen anderer Länder gestützt und über Schwierigkeiten hinweggebracht worden sind. Es ist nicht zu viel gesagt, wenn man konstatiert, daß das nazistische Regime ohne Duldung und ohne direkte Unterstützung durch mächtige ausländische Helfer weder zur Macht hätte gelangen noch diese in solchem Maße, wie es geschehen ist, hätte ausdehnen können. Mit Bitterkeit denkt man an die zeitweilig wohlfeilen Aussprüche über die angebliche Notwendigkeit eines solchen Regimes für die inneren deutschen Verhältnisse und über die vorgebliche Eigenart des deutschen Nationalcharakters, die ein solches Regime begünstige. Mit Bitterkeit denkt man natürlich an die geradezu entscheidende Hilfe, die jenes Regime 1936 durch die Haltung der damals leitenden Staatsmänner Frankreichs und Englands bei der Remilitarisierung des Rheinlands erhielt, ferner an die Duldung der Vergewaltigung Österreichs, die Unterzeichnung des Abkommens von München 1938, die Begünstigung der Vergewaltigung des spanischen Volkes durch die Nichtintervention gegenüber der nazistisch-faschistischen Intervention. Die Bitterkeit, die diese Erinnerungen hervorrufen, wird nur vermehrt durch die Erfahrung, daß gerade in jenen Situationen im deutschen Volk die Tendenzen gegen die nazistische Kriegspolitik besonders kräftig waren und sogar trotz des terroristischen Druckes Ausdruck in Kundgebungen gegen die offizielle Politik fanden, so daß das Regime sich zur öffentlichen Verteidigung und gleichzeitig zu speziellen Gewaltmaßnahmen genötigt sah. Aber darüber mögen die Nationen, deren Vertrauen durch solche Helfershelfer des Nazismus getäuscht worden ist, selbst zu Gericht sitzen, urteilen und jene Helfershelfer strafen. Das deutsche Volk hat seine eigene Aufgabe, die schwerste gewiß. Niemand kann sie ihm abnehmen. Auf niemanden ist sie abzuwälzen. Erfüllt es sie aber, läßt es sich durch nichts ablenken, und ist es endlich einmal unnachsichtig gegen sich selbst, so legt es damit nicht nur den Grund zu einem neuen Leben für sich, sondern leistet auch der Menschheit einen Dienst. Selbstbesinnung und Selbstkritik sind die deutsche Aufgabe; sie sind der erste und unumgängliche Schritt zur Wiedergutmachung.

Wieder gut machen muß das deutsche Volk, was in seinem Namen gesündigt worden ist.

Wieder gut machen muß zugleich das deutsche Volk sich selbst.

Der Deutsche, der den Nazismus bekämpft hat, ohne daß seinen und seiner Freunde Anstrengungen und Opfern der erstrebte Erfolg beschieden war, wird sich seinem Volk zur Verfügung stellen und ihm am besten dadurch dienen, daß er selbst an sich mit Selbstbesinnung und Selbstkritik beginnt. Denn niemand vermöchte mit Recht von sich zu sagen, er sei ohne Fehl und habe stets richtig gehandelt. Gerade dann, wenn dabei die vorangehen, die von sich sagen dürfen, in den dunkelsten Jahren deutscher Geschichte gegen die Verderber ihres Volkes gekämpft zu haben, wird eine durchgreifende Wirkung erzielt werden.

So sind Selbstbesinnung und Selbstkritik für den einzelnen wie für das Volk verpflichtende Aufgabe, deren

Erfüllung der notwendige Anfang der Wiedergutmachung ist. Wieder gut zu machen ist viel. Doch keiner braucht vor der Größe der Aufgabe zu verzweifeln. Sie ist erfüllbar. Doch um sie erfüllen zu können, bedarf es neuer Wege.

Sollten wir aber Angst vor neuen Wegen haben, nachdem die ausgetretenen alten zu so verhängnisvollen Resultaten geführt haben?

Wahrscheinlich wird es routinierte Politiker genug geben, die geringschätzig von Romantik und Gefühlspolitik sprechen werden, weil es ihnen unerhört scheint, daß mit Selbstbesinnung und Selbstkritik Ernst gemacht wird. Sie meinten ja, das Geheimnis des erfolgreichen Politikers bestehe gerade darin, daß er selbst zwar keinen Trick und Kniff verschmähe, um dem anderen, dem Mitspieler, in die Karten zu sehen, aber niemand in seine eigenen Karten schauen lasse. Doch es ist lange genug die Politik von Hasardeuren und Falschspielern gemacht worden, lange genug haben andere sich Hasardeure und Falschspieler zum Vorbild genommen. Lange genug, um nun Schluß machen zu können mit der Übertragung von Kartenspielgepflogenheiten in die Politik. Wenn routinierte Politiker also meinen, es würde töricht und unzulässig sein, durch eigene Selbstbesinnung und Selbstkritik dem Gegner Trümpfe in die Hand zu geben, so sticht dieser Einwand nicht mehr. Denn die Politik, die das deutsche Volk nach der Katastrophe braucht, wird sich von Grund auf von jener unterscheiden müssen, die zur Katastrophe geführt hat. Alles, was zur Aufdeckung der Ursachen der Entwicklung bis zur Katastrophe dienlich ist, ist notwendig, gut und nützlich. Hingegen ist alles, was die Hintergründe, Wurzeln und Keime der Katastrophenpolitik verdunkeln könnte, schädlich, schlecht und verabscheuenswert. (Wer befürchtet, seine Selbstkritik könne ihn fürderhin als Politiker unmöglich machen, der würde übrigens wohl auch dann, wenn er sich entsprechend ausstaffierte, bald durchschaut und unmöglich gemacht werden.)

Nicht aus Gründen einer wirklichkeitsfremden »Romantik« und »Gefühlsduselei« sollen Selbstbesinnung und Selbstkritik dem deutschen Volk als Aufgabe vor Augen geführt werden. Es muß ja wirklich wieder gut machen, was schlecht gemacht worden ist! Selbstbesinnung und Selbstkritik sind die Läuterung, durch die wir Deutschen beginnen, unseren Beitrag zur Wiedergutmachung und zum Neuaufbau der Welt nach dem Kriege zu leisten. Niemand würde auf Deutsche hören, wollten sie – nach allem, was geschehen ist – mit Projekten oder allgemeinen Ratschlägen oder Einwänden sich an den großen Diskussionen über Pläne zum Neuaufbau zu beteiligen suchen. Gewiß, die Arbeit deutscher Ingenieure, Konstrukteure, Techniker, Mechaniker und Arbeiter aller Branchen und Grade wird einmal im Rahmen der konstruktiven Pläne konkrete und reale Gestalt annehmen. Doch der ureigenste und der entscheidende Beitrag, den wir Deutschen zum Neuaufbau zu leisten haben, der Beitrag, ohne den keine Arbeit, an die wir Hand legen, Segen bringen kann,

heißt: Selbstbesinnung und Selbstkritik. Jeder einzelne Deutsche hat – wo er auch gestanden, und was er auch geleistet haben mag – die Pflicht, für seine Person und durch seine Person diesen Beitrag zur Wiedergutmachung zu leisten.
Das ist kein mechanisch zu erteilender oder mit Geld zu erkaufender Ablaß. Das ist nicht ein negatives und fruchtloses Befassen mit der Vergangenheit und speziell mit den Sünden anderer. Nicht zur Selbstzerfleischung, sondern dazu, sich selbst und seinen richtigen Weg zu finden, führen Selbstbesinnung und Selbstkritik das deutsche Volk.

Wahre Selbstkritik hat, um fruchtbar zu sein, zur Voraussetzung, daß der, der sie übt, sich auf sich selbst besinne. Selbstbesinnung gibt es aber nur, insofern der sich auf sich selbst Besinnende sich der Tatsache bewußt wird, daß er ein verantwortlich lebender und handelnder Mensch ist oder daß er ein solcher werden muß. So führen Selbstbesinnung und Selbstkritik die Deutschen auf sich selbst zurück. Selbstbesinnung und Selbstkritik werden damit ein Mittel zur Auflösung der Mechanismen, die Deutschland in die Katastrophe geführt haben. Denn der einzelne Mensch war nicht mehr verantwortlich denkender, verantwortlich handelnder, verantwortlich lebender Mensch – Mitbürger –, sondern gehorchender Bestandteil eines Mechanismus. Indem wir uns auf uns selbst besinnen, werden wir gewahr werden, daß wir alle – mehr oder weniger – nicht mehr wir selbst waren, respektive sind, sondern Bestandteile eines Mechanismus wurden. Dieser Mechanismus – genauer: diese Summe von aufeinander eingestellten Mechanismen – war der Ersatz für das Volk. Denn seit Jahr und Tag wurde zwar sehr viel vom Volk geredet, aber die wirkliche Gemeinschaft »Deutsches Volk« war durch eine kommandierte »Volksgemeinschaft« ersetzt, die in Wirklichkeit ein durch Gewalt und Demagogie zusammengehaltener und bewegter Mechanismus war. Für die Wiedergeburt des deutschen Volkes ist die radikale Auflösung der durch den Nationalsozialismus gebildeten und in Bewegung gehaltenen Mechanismen Voraussetzung. Die Auflösung beginnt und wird konsequent zu Ende geführt, sofern die Deutschen mit Selbstbesinnung und Selbstkritik Ernst machen. Aber Selbstbesinnung und Selbstkritik sind nicht einfach nur auflösende Kräfte; vielmehr werden wir Deutschen in dem Maße, in dem wir Selbstbesinnung und Selbstkritik nicht mehr aus dem Leben des einzelnen und der Gemeinschaften verdrängen lassen, wieder ein Volk werden. Denn Selbstbesinnung und Selbstkritik sind in Wirklichkeit positive, aufbauende Kräfte, mit deren Hilfe wir uns wohl zu einem Volk entwickeln können, das sich weder durch narkotische Gifte noch durch Gewalt wieder zu einem willenlos sich bewegenden Mechanismus degradieren läßt.

Die Gedanken des einsamen Gefangenen sind der Entwicklung vorausgeeilt. Doch sie haben, wenn auch erst in knappen Strichen, die Umrisse der neuen Aufgabe skizziert. Es ist eine schwere Aufgabe. Doch es ist keinem, der das dunkelste Jahrzehnt deutscher Geschichte bewußt miterlebt hat, möglich, sich der Erfüllung dieser Aufgabe zu entziehen. Nachdem die Entwicklung die Bahn gewählt hat, auf der wir uns nun befinden, verpflichten die innere Verbundenheit mit den grauen Kolonnen vom Januar 1933 und das Vermächtnis der ungezählten Märtyrer des Widerstands der besten Kräfte des deutschen Volkes gegen die braune Flut unbedingt zur vollen persönlichen Anteilnahme an der Erfüllung der neuen Aufgabe.

Neu ist die Aufgabe nicht nur im engeren, zeitlichen Sinne. Neu ist sie ihrem ganzen Inhalt nach. Neu wird auch fast alles sein, was zu ihrer Erfüllung zu geschehen hat. Wer es sich zur Pflicht machen wird, mit seiner ganzen Person für die Erfüllung der neuen Aufgabe einzutreten und zu wirken, der wird zu einem Kämpfer gegen alles Faule und Vergiftete, gegen alle Fäulniserreger und Giftstoffe im deutschen Volk. Denn Selbstbesinnung und Selbstkritik sind der Beginn eines ständigen Kampfes, dessen Ursprung in des Kämpfers eigener Brust liegt. Dieser Kampf führt nur dann zum Erfolg, wenn er von denen, die sich ihm weihen, ohne Selbstgerechtigkeit (und damit Verwandtes) geführt wird. Denn Selbstgerechtigkeit gehört zu den zu bekämpfenden und zu überwindenden Eigenschaften. Der Sieg in diesem Kampf um die Gesundung, richtiger: um die Wiedergeburt unseres Volkes ist nur von Kämpfern zu erringen, die in der eigenen Brust und in den eigenen Reihen überwunden haben, was sie im ganzen Volk überwinden wollen. Und sie haben für diesen ersten notwendigen Sieg in ihren eigenen Reihen

nur eine Gewähr: Selbstbesinnung und Selbstkritik zu immer lebendigen, die eigenen Reihen und jeden Kämpfer durchpulsenden Faktoren werden zu lassen.
Der Kampf, um den es sich hier handelt, wird zugleich – und nicht zuletzt – ein Kampf gegen das Mißtrauen der Umwelt sein. Aber insofern er das ist, kann er Erfolg nur bringen, wenn er nicht zu einem Kampf gegen diese Umwelt selbst wird. Denn nie darf vergessen werden, daß das Mißtrauen der Umwelt seine sehr konkreten Ursachen in den Handlungen des nazistischen Regimes gegen die anderen Völker hat, *und* daß es lebendig geblieben ist, weil in diesen Völkern noch nicht die Überzeugung allgemein gültig werden konnte, daß im deutschen Volk alle Voraussetzungen zu einer Wiederholung oder Belebung der nazistischen Tendenzen endgültig überwunden sind. Demnach gibt es nur ein Mittel, um das Mißtrauen der Umwelt zu überwinden: Es gegenstandslos zu machen durch die Überwindung der negativen Tendenzen und alles dessen, was sie fördern könnte, im Innern. Damit werden wir übrigens nicht nur das Mißtrauen draußen überwinden, sondern uns ganz positiv Freunde gewinnen.

Aus dem, was hier nur kurz und gedrängt zur Charakteristik der neuen Aufgabe niedergelegt worden ist, ergibt sich, daß es sich bei der Forderung nach Selbstbesinnung und Selbstkritik nicht um ein neues Parteiprogramm handelt. Die Erkenntnis, daß unser Volk zuerst, vor allem und ständig Selbstbesinnung und Selbstkritik braucht, um zu sich zu kommen und sich wieder zu einem Volk im wirklichen Sinne des Begriffes zu entwickeln, ist gewiß eine politische Erkenntnis. Die Forderung, daß alle Deutschen, die gegen den Nazismus gekämpft haben und die ihr Volk so sehr lieben, daß sie es nun in seiner Katastrophe nicht allein lassen können, mit Selbstbesinnung und Selbstkritik beginnen, um dem Volk voranzugehen und ihm auf den richtigen Weg zu helfen, ist natürlich eine politische Forderung. Doch umfassen die Erkenntnis und die Forderung einerseits mehr, als daß sie als Parteiprogramm angesehen werden könnten, andererseits genügen sie nicht, um ein Parteiprogramm ausmachen oder ersetzen zu können. Alles zu seiner Zeit und am richtigen Ort. Durch Selbstbesinnung und Selbstkritik sollen und müssen die alten Parteiprogramme einer gründlichen, keine Konsequenz scheuenden Prüfung unterworfen werden. Damit werden Selbstbesinnung und Selbstkritik zugleich zu Faktoren, die das Aussehen etwaiger neuer Parteiprogramme bestimmen werden. Und insofern Selbstbesinnung und Selbstkritik wirklich zu Eigenschaften der Deutschen werden, werden sie innerhalb aller Gemeinschaften, also auch aller Parteibildungen, ihre wesentliche Funktion ausüben.

Diese Niederschrift soll und kann ihrem Wesen nach keine politische Programmschrift sein. Sie ist nicht mehr, aber auch nicht weniger als das Ergebnis des Nachdenkens eines Menschen, der im politischen Kampf Erfahrungen gesammelt hat. Es wird viele geben, deren Erfahrungen reichhaltiger oder bemerkenswerter sind, und es gibt wohl auch manchen, dessen Nachdenken zu wesentlicheren Ergebnissen geführt hat. Aber der Verfasser dieser Niederschrift will ja durch sie zu seinem Teil seinem Volk helfen. Keineswegs will er ihretwegen als Repräsentant irgendwelcher politischen Richtung angesehen werden oder durch sie den Repräsentanten politischer Richtungen ihren Rang streitig machen. Im Gefängnis zu Papier gebracht, trägt diese Niederschrift ihr eigenes Gepräge. Die in ihr zum Ausdruck gebrachten Gedanken sind die Kinder von Überlegungen, die meist Jahre hindurch in den verschiedensten Lagen und von verschiedenen Seiten den Verfasser beschäftigt haben, entstanden und entwickelt in einer ereignisreichen und schweren Zeit. Nun hat ihnen die Gefängniseinsamkeit den letzten Schliff gegeben. Unter anderen Umständen wäre es sicher möglich gewesen, sie im Gespräch mit vertrauten und kritischen Gefährten noch einmal zu prüfen. Unmöglich ist es, sich in der Niederschrift auf Auszüge (Zitate) aus Büchern, Artikeln, Reden zu beziehen und sie im Text anzuführen, weil sie im Gefängnis nicht zur Hand sind. Aber so sehr das ein Nachteil ist, weil die belegte Auseinandersetzung mit Dokumenten der Zeit und die Illustration der hier entwickelten Gedanken durch die entsprechenden Hinweise auf solche Dokumente nur von Nutzen für die Argumentation hätte sein können, so ist es vielleicht nicht unvorteilhaft, die eigenen Überlegungen unbeschwert von einem Zitatenapparat so entwickeln zu müssen, daß sie an und für sich anschaulich und überzeugend wirken.

Ob es der Mühe wert war, diese Gedanken zur Tragödie eines Volkes niederzulegen, müssen die entscheiden, die sich mit ihnen auseinandersetzen. Den Verfasser hat dabei allein die Absicht geleitet, zur Aufdeckung der Ursachen und Triebkräfte der tragischen Entwicklung der letzten Jahrzehnte und damit zu ihrer Überwindung im Hinblick auf die Zukunft beizutragen. Er hat davon abgesehen, seinen Darlegungen einen allgemein-theoretischen Charakter zu geben, teils weil er nicht in der Lage war, die dafür notwendige Literatur beizuziehen, vor allem aber, weil er es für notwendiger hielt, die eigenen Erfahrungen und die eigene Tätigkeit im Rahmen der von ihm geforderten Selbstkritik selbst kritisch zu prüfen. Wenn nun in der Niederschrift dieses oder jenes entscheidendere Ereignis gewissermaßen durch das Prisma der eigenen – persönlichen und lokalen – Erfahrungen zerlegt und so geschildert wird, so ist das nicht wegen der angenommenen Wichtigkeit dieser persönlichen Erfahrungen geschehen, sondern weil der Verfasser auf diese Weise seine These entwickeln will. Andererseits will diese Niederschrift nicht als »Erinnerungen« gewertet sein. Ginge es um die Schilderung von Erinnerungen, so wäre viel mehr zu erzählen, als es hier geschehen konnte.

Seit 1933 ist eine Reihe von Büchern und Artikeln erschienen, die sich mit der Machtergreifung durch den Nationalsozialismus in Deutschland befassen und in denen mitunter versucht worden ist, den Nationalsozialismus als Massenbewegung und Regierungspartei zu charakterisieren, aber die meisten Publikationen waren eine Art von Rechtfertigungsversuchen, geschrieben zur Verteidigung für eine gescheiterte Politik. Es ist bemerkenswert, daß denkende Menschen – obgleich sie durch Lektüre versucht hatten, sich ein zureichendes Bild zu verschaffen – immer aufs neue die Fragen aufwarfen: »Was ist eigentlich dieser Faschismus, respektive Nazismus?« und* »Wie kann ein Volk, wie das deutsche Volk, diese Bestialität zulassen und gar mitmachen?« Der Verfasser will zur Beantwortung dieser Fragen beitragen. Hätte er die Möglichkeit dazu, würde er sich im Rahmen seiner Niederschrift auf die entsprechenden Ausführungen Rauschnings, Heidens, Otto Brauns, Stampfers, Lederers, Heimanns, auf Schriften Thomas Manns, Heinrich Manns, Ernst Wiecherts, Emil Ludwigs und anderer beziehen, respektive mit ihnen auseinandersetzen. Aber aus den schon genannten Gründen muß dies unterbleiben.

Der Verfasser hat von früher Jugend an in den Reihen der sozialistischen Arbeiterbewegung gekämpft. Seine ersten Schritte als Mitglied einer sozialistischen Arbeiterjugendorganisation machte er zur Zeit des Jahreswechsels 1922/23, als die Ruhrbesetzung unmittelbar bevorstand. Die Generation, der er angehört, hat schon in den Kinderjahren wegen des Krieges Lohnarbeit leisten müssen, und die Nachkriegsjahre waren für die meisten dieser Generation

* An dieser Stelle ist in der Handschrift eine Notiz im Gabelsberger Stenographie, die nicht entschlüsselt werden konnte.

Jahre der Entbehrungen, der Plagen und langer Arbeitslosigkeit.

»Wir haben selbst erfahren
der Arbeit Frongewalt,
in düstern Kinderjahren,
und wurden früh schon alt.
Sie hat an unserm Fuß geklirrt,
die Kette, die nur schwerer wird.
Wir sind die junge Garde
des Proletariats.«

So sangen wir und waren uns dessen, was wir sangen, ganz bewußt. Die ganz eigenartigen Bedingungen der Nachkriegsjahre brachten den Faschismus hervor. Wir erlebten seine Entwicklung aus der Nähe und an unseren Altersgefährten. Er brach in unsere Generation ein und gab unserem Kampf eine ganz spezielle Richtung. Die Erfahrungen haben den Verfasser gelehrt, den Zusammenhang zwischen Vorgängen in der Arbeiterbewegung und der Entwicklung des Nazismus zu sehen und tiefer zu untersuchen. Das bedeutet* nicht, daß damit die Untersuchung auf den Umkreis der Arbeiterbewegung eingeschränkt worden wäre. Aber die Arbeiterbewegung hatte im Deutschland der Jahre seit 1918 eine ganz spezifische Mission, und das rechtfertigt schon ihre besonders ausführliche Behandlung.

* An dieser Stelle in der Handschrift »jedoch« in Gabelsberger Stenographie eingefügt

Nun ist es noch notwendig, einiges über die Beziehungen des auf diesen Blättern Niedergeschriebenen zur internationalen Arbeiterbewegung hinzuzufügen. Der Verfasser will mit seiner bescheidenen Niederschrift die Aufmerksamkeit eines deutschen Leserkreises erwerben und so viel wie möglich dazu beitragen, die in Deutschland sich ergebenden Probleme der Wiedergutmachung zu lösen. Vor das Forum der internationalen Arbeiterbewegung tritt der Verfasser mit diesen seinen Darlegungen nicht, ist sich aber der Möglichkeit bewußt, daß seine Schrift deren Kritik unterworfen wird. Die internationale Arbeiterbewegung wird nach dem Krieg vor große und tiefgreifende Aufgaben gestellt sein, deren Lösung nicht zuletzt eine genaue Beachtung und schöpferische Behandlung der Erfahrungen der dem Nazismus unterlegenen und unterworfenen Arbeiterbewegung Deutschlands erfordert. Insofern die Untersuchungen und Gedanken dieser Niederschrift als Rohmaterial dabei Verwendung finden können, wird ihr Verfasser darin einen anspruchslosen Beitrag zur Abtragung der Schuld der deutschen Arbeiterbewegung an die internationale erblicken dürfen – mehr nicht. Des Verfassers Auffassung ist es, daß die Kräfte, die von der alten deutschen Arbeiterbewegung übriggeblieben sind, ihre Energien dazu nutzen müssen, durch die intensivste Teilnahme an der Arbeit zur Wiedergeburt des eigenen Volkes der internationalen Arbeiterbewegung einen Teil der Schuld abzuzahlen, die sie ihr gegenüber haben. Die internationale Arbeiterbewegung hat infolge der Errichtung des nazistischen Regimes in Deutschland nicht nur den an sich schon schwerwiegenden Verlust erlitten, den der Ausfall der Organisationen in Deutschland bedeutete. Mit dem Zusammenbruch der deutschen Arbeiterbewegung und dem Siege des Nazismus begann* eine Krise der gesamten internationalen Arbeiterbewegung. Wenn die deutschen Mitkämpfer der internationalen Arbeiterbewegung durch ihre Arbeit im eigenen Land und zur Neuaufrichtung einer sozialistischen Arbeiterbewegung in Deutschland der Internationale helfen können, die großen Probleme zu lösen, so wird es für uns – auch wenn wir selbst noch so viele Narben aus dem Kampf gegen den Nazismus aufweisen können und wenn die Zahl unserer Toten Tausende und aber Tausende beträgt – eine große, aber unverdiente Ehre sein. Unverdient, weil die Ergebnisse unserer eigenen Arbeit ganz bedeutungslos erscheinen müssen, gemessen an dem Schaden, der der internationalen Arbeiterbewegung durch den in unserm Land emporgekommenen Nazismus zugefügt worden ist.

Der Verfasser hatte die Ehre, Mitkämpfer der internationalen Arbeiterbewegung vieler Nationen kennenzulernen. Vor dem Auge des einsamen Gefangenen erscheinen sie: Tschechen, Österreicher, Polen, Jugoslawen, Bulgaren, Rumänen, Ungarn, Griechen, Franzosen, Spanier, Belgier, Luxemburger, Holländer, Dänen, Norweger – um nur die zu nennen, deren Länder und Arbeiterorganisationen un-

* An dieser Stelle in der Handschrift eine unentschlüsselte Notiz im Gabelsberger Stenographie.

ter die Stiefel des Nazismus geraten sind. Wie viele, an die eine liebe persönliche Erinnerung geknüpft ist, sind massakriert worden! Was haben sie, ihre Genossen und Familien durchmachen müssen! Wie klein erscheint dem gegenüber alles, was wir getan haben und tun können! Werden wir je den Brüdern der Internationale wieder frei ins Auge schauen können?

Klara Zetkin schrieb einst, im Zusammenhang mit dem ersten Besuch, den sie Sowjetrußland abstattete: »Zieh' Deine Schuhe aus, denn Dein Fuß betritt heiliges Land!« Heilig war ihr – der großen Vorkämpferin des Sozialismus und der Rechte der Frauen – der Boden, der mit dem Blut von Freiheitskämpfern getränkt und durch die Tat und das Opfer heroischer Arbeiter und Bauern aus Kapitals- und Selbstherrschaftsfesseln befreit worden ist. Die Ehrfurcht, die Klara Zetkin vor dem Land und dem Volk unter dem Sowjetbanner gehegt und wiederholt in ergreifender Weise zum Ausdruck gebracht hat, war ihres edlen Geistes und Herzens würdig. Klara Zetkin wußte, welche im tiefsten Sinne des Wortes historische Bedeutung der sozialistischen Oktoberrevolution von 1917 und dem Aufbau einer sozialistischen Gesellschaftsordnung auf dem Territorium der Sowjetunion zukam. Was aber werden wir antworten, wenn uns einst russische Arbeiter oder Bauern oder Werktätige aus der Mitte einer der vielen anderen unter der Sowjetordnung wiedergeborenen Nationalitäten fragen, wie wir das Pfand verwaltet haben, das die deutsche sozialistische Arbeiterbewegung zu treuen Händen erhalten hatte? Wird nicht letzten Endes jeder Hinweis auf die vandalischen Verwüstungen und das blutige Regime in den von deutschen Truppen besetzten Gebieten der Sowjetunion ein Vorwurf sein, der die Arbeiterbewegung Deutschlands trifft? Wahrlich, die Steine werden Anklage wider uns erheben – die Steine der ungezählten Ruinen, wie die Steine auf den Gräbern der Allzuvielen, die aus einem hoffnungsvollen von Schaffensdrang durchpulsten Leben gerissen worden sind. Die Scham brennt schmerzhaft, wenn ich mir die fragenden Augen russischer Freunde vergegenwärtige, deren Gastfreundschaft und deren Anteilnahme an den eigenen Problemen stets so lebenswarm und beglückend waren.

Es wäre viel zu sagen in diesem Zusammenhang. Aber es besteht die Gefahr, daß jede Erklärung wie eine beabsichtigte Entschuldigung wirkt. Es gibt nur eins, das zu tun ist: Im eigenen Volk die Erkenntnis für die ganze Tragweite des am Lande des Sozialismus verübten Verbrechens* erwecken und dem deutschen Volk zum Bewußtsein zu bringen, daß es** durch eigene Arbeit sich wert machen muß***, wieder Bruder von anderen Völkern und in erster Reihe von den Völkern der Sowjetunion genannt zu werden. Das ist keine Parteisache im engen Sinne des Wortes.

* An dieser Stelle ist in der Handschrift eine unentschlüsselte Notiz in Gabelsberger Stenographie.

** An dieser Stelle in Gabelsberger Stenographie »nur« eingefügt.

*** An dieser Stelle in Gabelsberger Stenographie »muß« durch »kann« ersetzt.

Der Bruderbund der Völker, den alle ehrlichen Sozialisten und Kommunisten anstreben, und die Brüderschaft der internationalen Arbeiterbewegung, die nach dem Krieg, frei von allen Fesseln, ihre der Zukunft der Menschheit dienende segensreiche Arbeit entfalten wird, sind die Schützer und Bewahrer der Freiheit, auch der nationalen Freiheit der Völker. Nazistische Völkerverwüstung und Krieg haben klargemacht, daß die nationale Freiheit der Völker und die freie Entfaltung der auf die Bildung des großen Bruderbundes der Menschheit gerichteten Arbeit der internationalen Arbeiterbewegung zusammengehören, weil sie einander bedingen. Die Verletzung oder Verwüstung jener zerstört diese, und die Zerstörung oder Knebelung dieser bedeutet den Untergang jener. Nur die Förderung beider gereicht jedem einzelnen der beiden Teile zum Segen.

Wenn der Verfasser nun dieses Einleitungskapitel mit einem Wort des deutschen humanistischen und ritterlichen Freiheitskämpfers Ulrich von Hutten abschließt, um durch dieses Wort noch einmal zu bekräftigen, worum es ihm mit seiner Untersuchung geht, so möge unter dem Vaterland, von dem Hutten gesprochen hat, in übertragenem und ausgedehntem Sinne auch die im Kriege so hart geprüfte internationale Arbeiterbewegung mit verstanden werden, eben im Sinne jener Wechselbeziehungen zwischen der Freiheit der Nation und der Tätigkeit der internationalen Arbeiterbewegung, die auf die Bildung eines die Menschheit umschließenden Bruderbundes gerichtet ist:

Dem Vaterland zu Nutz und Gut
die Wahrheit mich bewegen tut.
Die Wahrheit muß herfür,
zugut dem Vaterland,
das ist mein Mut.
Kein ander' Ursach ist noch Grund;
drum hab' ich aufgetan den Mund.
Ich hab's gewagt!

Erster Teil
Die Voraussetzungen zur Machtergreifung des Nationalsozialismus in Deutschland

Überblick

Am 30. Januar 1933 wurde Deutschland den Nationalsozialisten übergeben. Systematisch haben sie sich von dem Tage an des Landes und seiner Bevölkerung bemächtigt. Systematisch wurden die Institutionen des öffentlichen Lebens, der Boden, seine Reichtümer und Früchte, die Einrichtungen der Industrie, des Handels und des Verkehrs, die Schöpfungen der Kunst und der Wissenschaft von den Polypenarmen der nationalsozialistischen Organisationen erfaßt und den Zwecken des neuen Regimes nutzbar gemacht. Systematisch wurden die Menschen registriert, sondiert, in Konzentrationslager, Gefängnisse, Zuchthäuser, andere Ausrottungsanstalten, Arbeitslager, Zwangsorganisations-Mechanismen eingegliedert und einer Dynamik unterworfen, durch die alle ihre bisherigen natürlichen und sittlichen Bindungen in den Grundfesten erschüttert wurden. Weder die Ruhe der Toten, noch die Kulturschätze, die vergangene Generationen der

Nation und der Menschheit hinterlassen hatten, waren den neuen Machthabern heilig. Was sie in ihrem Jargon als Umbruch bezeichneten und mit Fackelzügen, Scheiterhaufen, militaristischen Massenschaustellungen und Orgien des Terrors als nationale Revolution feierten, bedeutete:

> Die systematische Entwertung und Lösung der natürlich und geschichtlich gewordenen Beziehungen der Menschen zueinander;
> die Umwertung der ethischen Werte im Sinne ihrer Eingliederung in und damit ihrer Ersetzung durch eine den Zwecken der neuen Machthaber dienende, ins System gebrachte Unmoral;
> die Umwandlung des deutschen Volkes und Reiches in ein System von Mechanismen, in Bewegung gesetzt und gehalten von den nationalsozialistischen Machthabern zu dem Zweck, systematisch die Weltherrschaft zu erobern.

Der Tag, der von so schwerwiegenden Folgen für Deutschland, Europa und die Menschheit wurde, erhielt seine Bedeutung nicht durch die Laune eines Zufalls. Die Betrachtung und Registrierung der Äußerlichkeiten und Begleitumstände der Berufung Hitlers zum Reichskanzler durch den bekanntlich im Jahr vorher als Exponent der Gegner Hitlers zum Reichspräsidenten gewählten Hindenburg, vermag uns keine Erklärung für die ganze Ausdehnung und Tiefe der gesellschaftlichen Vorgänge zu geben, die die Voraussetzungen zur Machtergreifung des Nationalsozialismus in Deutschland bildeten. Auch rein statistische Erklärungen für die Voraussetzungen zum 30. Januar 1933 gibt es nicht. Denn die Statistik der Wahlstimmen verzeichnet nur Begleiterscheinungen, Teilergebnisse und ein verzerrtes Spiegelbild des Entwicklungsprozesses. Auch die Statistiken der Erwerbslosenzahlen, der Konkurse, Zwangsversteigerungen, Selbstmorde, Kriegsverluste, Reparationsleistungen, Börsen-, Bank- und Industriegewinne, Korruptionserscheinungen, Verbrechen und noch vieler anderer Einzelerscheinungen geben weder einzeln noch zusammengestellt die Antwort auf die Frage nach den Voraussetzungen zur Machtergreifung des Nationalsozialismus in Deutschland.

Wenn wir von den Erklärungen absehen, die von nationalsozialistischer Seite selbst stammen und für eine Untersuchung möglicherweise Objekt aber nicht Hilfsmittel sein können, so finden wir mancherlei Hinweise auf die Rolle gewisser Personen (des Bankiers v. Schröder, des ehemaligen Reichskanzlers von Papen, des Generals v. Schleicher, des Großindustriellen Thyssen und mancher anderer), die etwas Licht auf die Förderung der Partei Hitlers durch die einflußreichsten Kreise des deutschen Finanzkapitals, des Staatsapparates, der Schwerindustrie und der großagrarischen Landwirtschaft werfen. Gewiß wird der Zusammenbruch des Hitler-Regimes noch viel mehr und aufschlußreichere Enthüllungen dieser Art im Gefolge haben. Zweifellos wird besonders die Entschleierung der

Tätigkeit mancher heimlicher Helfer der Hitler-Partei viel zur Aufdeckung von Zusammenhängen beitragen, die bisher nur andeutungsweise bekannt oder sogar ganz im Dunkeln waren. Doch abgesehen davon, daß der Tod vieler am Spiel hinter den Kulissen beteiligter Personen eine restlose Aufklärung mancher für die Machteroberung durch die Partei Hitlers nicht unwesentlichen Vorgänge erschweren wird, dürfen wir überhaupt von dieser Art Enthüllung nicht eine die letzten und tiefsten Gründe beleuchtende Antwort auf die Frage nach den Voraussetzungen zur Machtergreifung des Nationalsozialismus in Deutschland erwarten. Dasselbe gilt von einer mit noch viel erheblicheren Schwierigkeiten verbundenen und wohl infolge der Sekretesse, mit der auch noch nach diesem Krieg die meisten wichtigen diplomatischen Handlungen umgeben werden, kaum im wünschenswerten Maße durchführbaren Aufdeckung der Förderung, die Hitlers Partei direkt sowohl als auch mittelbar durch einflußreiche Personen, Personenkreise und Institutionen außerhalb Deutschlands erfahren hat. Wahrscheinlich werden noch nach vielen Generationen Forscher auf interessante und bedeutungsvolle Einzelheiten stoßen, deren Verheimlichung Jahrzehnte hindurch mit Erfolg betrieben worden ist. Aber auch noch so wesentliche Einzelheiten dieser Art werden weder jetzt noch später entscheidende Bedeutung für die Aufklärung der eigentlichen Ursachen der Entwicklung des Nationalsozialismus haben; sie geben uns manchen Aufschluß über das Wie, aber kaum Antwort auf das Warum.

Gewiß sind im Laufe der Zeit Erklärungen gegeben, respektive versucht worden, die mehr oder weniger zutreffend auf Voraussetzungen zur Machtergreifung des Nationalsozialismus in Deutschland aufmerksam gemacht haben. Man hat beispielsweise den Friedensvertrag von Versailles mit seinen materiellen, gebietlichen, politischen und sonstigen Konsequenzen für Deutschland als eine – mancherseits sogar als die wesentlichste – Voraussetzung bezeichnet. Weiter sind die heftigen Wirtschaftskrisen, die Massenerwerbslosigkeit, die Einwirkungen des Krieges auf den Charakter der Jugend, die Außenpolitik der Westmächte als Voraussetzungen zum Aufstieg und zur Machtergreifung des Nationalsozialismus genannt worden. Das sind einige der Erklärungen. Sie führen vorwiegend sozusagen objektive Voraussetzungen an: Verhältnisse wirtschaftlicher und politischer Natur, deren Gestaltung oder Beeinflussung außerhalb der Grenzen lag, die der Wirksamkeit der Kräfte des deutschen Volkes gezogen waren. Zum Unterschied von dieser Kategorie von Erklärungen suchen andere die Voraussetzungen zur Machtergreifung des Nationalsozialismus nicht ausschließlich oder auch nicht hauptsächlich in solchen objektiven Verhältnissen. So hat man von einem Versagen der marxistisch orientierten Arbeiterbewegung gesprochen, sowohl in bezug auf ihre eigene konstruktive Aufgabe nach dem Krieg als auch hinsichtlich der Abwehr des Nationalsozialismus. Andere haben erklärt, die deutschen Mittelschichten hätten von jeher eine reaktionäre Rolle gespielt. Es ist ferner von einer Krise oder vom Bankrott des demokratischen Parlamentarismus gesprochen worden. Die durch diese Beispiele charakterisierte Kategorie von Erklärungen sucht also die Voraussetzungen zur Machtergreifung des Nationalsozialismus im Verhalten eines Teils des deutschen Volkes. Unter den Einwirkungen der Kriegserlebnisse und besonders der Nachrichten über das Regime in den von deutschen Truppen okkupierten Ländern ist schließlich mehr und mehr eine dritte Kategorie von Erklärungen in den Vordergrund gedrängt worden, die den Nationalsozialismus als den Ausdruck des deutschen Nationalcharakters par excellence bezeichnet und so das deutsche Volk als für den Nationalsozialismus prädestiniert ansieht. In diesem Sinne wird etwa argumentiert: Der Deutsche sei ein Herdenmensch und unterscheide sich dadurch von Grund auf von den Holländern, Norwegern und anderen Völkern, die ja durch ihren Widerstand gegen den Nationalsozialismus bewiesen hätten, daß Völker, in denen der Begriff der individuellen Freiheit lebendig ist, den Nationalsozialismus zum Scheitern bringen könnten. Andere Erklärungen dieser Art sind: Unfähigkeit der Deutschen zur demokratischen Selbstregierung; dem Deutschen sei die Lust am militaristischen Drill angeboren, der Deutsche brauche den Unteroffizier wie der Esel den Treiber; Nationalsozialismus sei nichts anderes als technifiziertes Preußentum; der Nationalsozialismus habe nur in ein System gebracht, was in der deutschen Philosophie, Literatur, Politik der Vergangenheit in den Grundzügen und sogar ausgearbeitet längst vorhanden gewesen sei. Schließlich – um eine letzte zu dieser Kategorie gehörige Erklärung anzuführen, die aber verschieden variiert worden ist: Der Nationalsozialismus sei für Deutschland die einzige Alternative zum Bolschewismus gewesen.

Die zuletzt angeführte Erklärung stammt eigentlich von den Nationalsozialisten selbst. Doch insofern hat sie etwas mit allen anderen hier angeführten gemein, die sich ja schließlich alle auf nationalsozialistische Erklärungen zurückführen lassen, obwohl sie – wie wohl leicht zu verstehen und ebenso leicht durch die Probe aufs Exempel nachzuweisen ist – dabei eine Verwandlung durchgemacht haben: Die Nationalsozialisten, die erklärt haben, sie hätten die Macht in Deutschland erringen können, weil der Nationalsozialismus zusammengefaßt (respektive verarbeitet oder zum Ausdruck gebracht) habe, was in der deutschen Philosophie, Literatur, Politik der Vergangenheit in den Grundzügen (oder als Forderung, Sehnsucht usw. zum Ausdruck gebracht) vorhanden gewesen sei, sie wollten damit sagen, der Nationalsozialismus sei die einzig mögliche positive Antwort auf die sich aus der deutschen Geschichte ergebenden Forderungen, und deshalb sei er eben so stark geworden, daß ihm kein Gegner gewachsen war. – Dagegen wollen Gegner des Nationalsozialismus oder persönlich unbeteiligte objektive Forscher nach den Voraussetzungen zur Machtergreifung des Nationalsozialismus, die sich derselben Erklärung bedienen, sie anders betont und gewertet wissen. Sie wollen nämlich damit sagen, der Nationalsozialismus habe siegen können, weil schon alle seine negativen, schädlichen Eigenschaften in Philosophie, Literatur, Politik der deutschen Vergangenheit vorhanden gewesen und entwickelt worden wären. – Ähnlich verhält es sich (um noch ein solches Beispiel anzuführen), wenn von nationalsozialistischer Seite dieselben objektiven Verhältnisse (Versailles-Vertrag, Wirtschaftskrisen) angeführt werden, die auch von Nichtnationalsozialisten als Voraussetzung zum 30. Januar 1933 genannt werden. Die Nationalsozialisten wollen damit – triumphierend – sagen: Angesichts der durch diese Verhältnisse geschaffenen Gesamtlage waren wir die einzigen, auf die das deutsche Volk Vertrauen setzte, weil es an unsere Kraft zur Überwindung jener Hindernisse der Aufwärtsentwicklung Deutschlands glaubte. – Dagegen meint die Gegenseite, indem sie auf dieselben objektiven Verhältnisse als auf Voraussetzungen zum 30. Januar 1933 hinweist: Jene Verhältnisse trieben große Teile des deutschen Volkes dem Nationalsozialismus in die Arme, weil sich keine Möglichkeit zur anderen Lösung dieser Probleme gezeigt habe. – Was schließlich die so oft und von Politikern und Schriftstellern sehr verschiedener Anschauungen angeführte Erklärung betrifft, der Nationalsozialismus sei die Alternative zum Bolschewismus gewesen, so handelt es sich dabei ursprünglich um eine von der nationalsozialistischen Agitation erfundene und außerordentlich wirkungsvoll angewandte Parole. Die Nationalsozialistische Partei bezeichnete sich und ihren Führer Hitler als einzige Rettung vor dem Bolschewismus, den sie durch eine penetrante Agitation (geschickt an auch von anderer Seite verbreitete Behauptungen, Greuelberichte usw. anknüpfend) zu *der* Gefahr gestempelt hatte, die von Millionen besonders den Mittelschichten angehörenden Menschen gefürchtet wurde. Welche Wirkung und welche Bedeutung für die nationalsozialistische Agitation diese Konstruktion: »Wenn nicht die NSDAP an die Macht kommt, siegt der Bolschewismus!« hatte, geht daraus hervor, daß Göring nach dem 30. Januar 1933 unter Aufbietung eines riesigen Apparates nachzuweisen suchte, ein Aufstand des Bolschewismus sei nur durch die umfassenden Maßnahmen der Polizei und der nationalsozialistischen Terrororganisationen vereitelt worden. Die Legitimität der blutigen Massaker und der massenhaften willkürlichen Verhaftungen und Einkerkerungen ohne ordentliches Gerichtsverfahren wurde mit der Behauptung begründet, diese nationalsozialistischen Maßnahmen seien die einzig wirksamen Mittel zur Verhinderung des Bolschewismus gewesen. Wir haben es in dieser »Erklärung« demnach mit einer ausgesprochen nationalsozialistischen Tendenzbehauptung zu tun. Dennoch ist sie zugleich eine der von nichtnationalsozialistischer Seite am meisten angeführten Erklärungen zur Beantwortung der Frage nach den Voraussetzungen zur Machtergreifung des Nationalsozialismus. Allerdings mit unterschiedlichen Betonungen und Nuancen. Manche, die diese Erklärung akzeptiert haben, wollen damit sagen, in Deutschland habe es nur dies Entweder – Oder gegeben: Entweder Nationalsozialismus oder Bolschewismus. Andere wollen sagen, breite Massen hätten sich aus Furcht vor dem

Bolschewismus dem Nationalsozialismus ergeben, und so sei eben diese Furcht die Voraussetzung zur Machtergreifung des Nationalsozialismus gewesen.

Auf die vorstehend nur knapp zusammengefaßten und nur teilweise kritisch beleuchteten Erklärungen, die ja alle die Frage beantworten sollen, welche Voraussetzungen den Nationalsozialismus zur Macht geführt haben, wird noch verschiedentlich zurückzukommen und gründlich einzugehen sein. Zunächst sind sie hier angeführt worden, um zu zeigen, welche Faktoren von den verschiedensten Seiten als solche Voraussetzungen betrachtet werden.

Ohne hier in eine Untersuchung jeder einzelnen dieser Erklärungen eintreten zu wollen, darf doch gesagt werden, daß keine einzige dieser Erklärungen an und für sich die gesuchten Voraussetzungen definiert. Zwar sind die einzelnen Erklärungen häufig in verschiedenartigen Kombinationen verwendet worden (beispielsweise: Die durch den Versailles-Frieden geschaffenen politischen und wirtschaftlichen Bedingungen und das Versagen der marxistisch orientierten Arbeiterbewegung – oder: Die Krise des demokratischen Parlamentarismus und die Entwicklung der Jugend unter dem Einfluß von Krieg und Nachkriegsjahren), aber auch die kompliziertesten Zusammenstellungen aus dem Zusammenhang gerissener Faktoren ergeben keine wirkliche Erklärung der Voraussetzungen zur Machtergreifung des Nationalsozialismus. Jeder Versuch einer Erklärung durch Berufung auf die sogenannten objektiven Verhältnisse und ihre Einwirkung auf das deutsche Volk ruft unmittelbar zahlreiche neue Gegenfragen hervor, vor allem die: Warum haben dann aber die unter dem Regime Hitlers vielfach verschlimmerten ökonomischen Verhältnisse nicht entsprechende Reaktionen *gegen* das Regime ausgelöst? Und nicht zuletzt wird jeder Versuch einer Erklärung der Voraussetzungen zur Machtergreifung des Nationalsozialismus aus einer besonderen Konstellation der ökonomischen und sonstigen Verhältnisse heraus an dem Widerspruch der Tatsachen scheitern, den letzten Endes der Einsatz vieler Millionen Menschen für das nationalsozialistische Regime und die von ihm geführte Politik im Krieg darstellt. Ein Regime, das zu solchem Kraftaufwand fähig war, mußte wohl andere Voraussetzungen gehabt haben als nur die geschickte Ausnutzung des Zusammentreffens einiger Umstände. – Die Versuche, die Voraussetzungen zur Machtergreifung des Nationalsozialismus einfach mit den spezifischen Eigenschaften des deutschen Volkes zu erklären, und das nationalsozialistische Regime sozusagen als das dem deutschen Nationalcharakter am meisten entsprechende zu bewerten, werden von ernsten Menschen keineswegs als wirkliche Erklärungen anerkannt werden können. Denn das deutsche Volk müßte ein Monstrum, eine Abnormität unter allen Völkern sein. Ihm müßten entscheidende menschliche Eigenschaften fehlen, die im übrigen Allgemeingut der Menschheit sind. Wenn auch in der Hitze der Kriegserlebnisse und unter dem Eindruck der zahllosen schamlosen Untaten nationalsozialistischer

Organe in den okkupierten Ländern zu begreifen ist, daß viele nach Zügen im deutschen Nationalcharakter suchen, die für diese Grausamkeiten verantwortlich zu machen sind, um dann auch gleich rückschließend zu folgern, eben diese Seiten des deutschen Charakters hätten auch die Voraussetzungen zur Machtergreifung des Nationalsozialismus gebildet, so halten doch derlei Erklärungen der sachlichen Prüfung nicht stand. (Dann könnte und müßte ja wohl mit Fug behauptet werden, daß die von Deutschen herrührenden Schöpfungen künstlerischer Art und Leistungen wissenschaftlicher Art, die in den Besitz der Menschheit eingegangen sind, nur Ausnahmen seien, die jene Regel bestätigen, daß eben die Deutschen ein von Grund auf abnormes Volk seien?)

Es ist nach allem klar:
Der Prozeß der Entwicklung des Nationalsozialismus zu einer Massenbewegung und als Massenbewegung bedarf des eingehenden Studiums.
Nur wenn wir verstehen, wodurch, warum und wie die NSDAP zu einer Massenbewegung werden konnte, verstehen wir unsere Zeit, ihre Probleme und Auseinandersetzungen.

Zeitweilig hielt man es in den Kreisen der Gegner der NSDAP nicht für notwendig, den Massencharakter der nationalsozialistischen Bewegung bis zur Machtergreifung im Jahre 1933 zu untersuchen. Man meinte, es genüge, das Regime Hitlers zu bekämpfen, und man glaubte, genug zu wissen, wenn man einiges über die Hintermänner des Nationalsozialismus und über das Verhältnis der nationalsozialistischen Parteiführer zu den Finanzkreisen kannte und agitatorisch zu einer Entlarvung des Nationalsozialismus auszunützen vermochte. Aber keinerlei Entlarvung solcher Art hat den Nationalsozialismus ernstlich beeinträchtigt. Die Erfahrungen fordern eine wirkliche Kenntnis dieser Bewegung.

Von marxistischer Seite ist zwar eine Definition des klassenmäßigen Charakters des durch die NSDAP errichteten und ausgeübten Regimes gegeben worden, aber eine Erklärung der Voraussetzungen zum Siege des Nationalsozialismus – des Aufkommens, der Entwicklung, Tätigkeit, Zusammensetzung der nationalsozialistischen Massenbewegung – fehlt. Man wendet statt dessen oft und viel Vergleiche mit ganz anderen despotischen Regimes früherer Zeiten und anderer Länder an, bedient sich auch häufig des Sammelbegriffs Imperialismus, aber eben das Spezielle und Neue am nationalsozialistischen Imperialismus ist von marxistischer Seite nur gelegentlich und verstreut, keineswegs aber im Zusammenhang analysiert und definiert worden. Im politischen Kampf gegen den Nationalsozialismus ist von marxistischer Seite stets besonderes Gewicht auf die Entlarvung der Lüge vom angeblich antikapitalistischen Charakter des Nationalsozialismus gelegt worden. Aber so unbestreitbar richtig und – angesichts der Verwirrung, die von verschiedenen Schriftstellern angerichtet worden ist, die eine angeblich revolutionär-antikapitalistische Natur des Nationalsozialismus verkündeten – verdienstvoll der Nachweis ist, daß der Nationalsozialismus kapitalistisch ist, so wenig rechtfertigt dies die Vernachlässigung der Untersuchung der Voraussetzungen zur Machtergreifung des Nationalsozialismus, die auf die Veränderungen im kapitalistischen System zurückzuführen sind, wie andererseits der Nationalsozialismus im kapitalistischen System weitere Veränderungen hervorgerufen hat. Im mangelnden Verständnis, ja, Nichtverstehen der Ursachen und Triebkräfte der Entwicklung der NSDAP zur Massenpartei und Massenbewegung bis zu ihrer Machtergreifung liegen die Keime zu vielen Fehlern und Fehlurteilen, die der demokratischen Bewegung allgemein und der Arbeiterbewegung Deutschlands besonders schwere Schäden zugefügt haben.

Am 30. Januar 1933 hat sich mehr ereignet als ein gewöhnlicher Regierungswechsel. Die NSDAP, der an diesem Tag die Staatsmacht in die Hände gegeben wurde, hat im Kampf um die Alleinherrschaft jahrelang das politische Leben Deutschlands beeinflußt und geändert, wie sie umgekehrt selbst ein Erzeugnis der tiefgreifenden Umwälzungen ist, die seit dem Weltkrieg 1914/18 das gesamte Leben innerhalb Deutschlands verändert haben. Um die Entwicklung verstehen zu können, die Deutschland unter der Herrschaft der NSDAP durchgemacht hat, muß man vor allem wissen, was in den Jahren vorgegangen ist, in denen diese Partei um die Macht kämpfte. In diesen Jahren entstand vieles, das in den Jahren nach 1933 nur noch in eine bestimmte Form gebracht, entfaltet oder verallgemeinert zu werden brauchte, um die beabsichtigte Wirkung zu erzielen. Was seit 1933 »Gleichschaltung« genannt worden ist, hat zum Teil nicht nur die Wurzeln in der Periode vor 1933, sondern entwickelte sich in ihr schon so weit, daß ganz neue Resultate von der NSDAP als Regierungspartei vielfach durch quantitative Veränderungen an schon Vorhandenem erzielt werden konnten. Die Umwandlung des deutschen Volkes in ein System von Mechanismen zum Zweck der Eroberung der Weltherrschaft war ein gewaltiges Unternehmen. Daß es der NSDAP in so hohem Maße gelungen ist, wird nur teilweise dadurch erklärt, daß diese Partei als Regierungspartei über eine unumschränkte Gewalt verfügt hat. Vielmehr bedarf eben dies Phänomen der gewissenhaftesten Erklärung: Welche Voraussetzungen führten die NSDAP in den Besitz einer solchen Gewalt über ein hochgradig zivilisiertes Volk? Und eben zu dieser gesuchten Erklärung wird uns die Kenntnis der Voraussetzungen zur Machtergreifung des Nationalsozialismus verhelfen.

Anfangs war die NSDAP eine von den zahlreichen Organisationen, die in den ersten Jahren nach dem Krieg neben den großen bürgerlichen Parteien entstanden waren. Meist hatten sie sich aus Gruppen ehemaliger Mitglieder der »Freikorps« entwickelt. Ihre Initiatoren und Aktivisten waren Offiziere, Unteroffiziere und ehemalige Soldaten, die auf Beschäftigung im Bürgerkrieg oder bei einer Revanche an irgendeiner Grenze Deutschlands rechneten. Die Organisationen nannten sich vorzugsweise »nationale Verbände«, »Bünde«, »Bewegungen«, »Gemeinschaften«, und die meisten legten Wert darauf, nicht als politische Parteien betrachtet zu werden. Ein großer Teil betrachtete sich selbst als getarnte militärische Verbände, deren Hauptaufgabe die Pflege militaristischer Traditionen und Übungen war. Bei den zahlreichen Putschunternehmungen, die in den Jahren bis 1923 gegen die Republik veranstaltet wurden, bei den noch zahlreicheren Racheaktionen, Überfällen und Mordanschlägen gegen die Arbeiterbewegung und gegen eine Reihe hervorragender Persönlichkeiten aus dem demokratischen Lager, spielten jene extrem-reaktionären, meist als »völkisch« bezeichneten Organisationen die Hauptrollen. Schließlich beschäftigten sie zeitweilig die Öffentlichkeit durch die sogenannten Fememord-Affären. Das waren Meuchelmorde, die von speziellen Mordkommandos auf Befehl an einzelnen Mitgliedern der Verbände begangen wurden, die man als unsicher oder unzuverlässig betrachtete.

In den ersten Nachkriegsjahren bestanden zwischen diesen Organisationen und der stärksten politischen bürgerlichen Partei, der »Deutschnationalen Volkspartei«, zahlreiche Bindungen und Beziehungen, die sich aus der gemeinsamen Feindschaft gegen Demokratie und Arbeiterbewegung und aus der gemeinsam gehegten Hoffnung ergaben, in kurzer Zeit die Monarchie oder ein ihr verwandtes Diktaturregime als Vorstufe zur Monarchie errichten zu können. Zwischen der legalen, im Parlament auftretenden Partei, die sich zur Hohenzollern-Monarchie bekannte, und den im Halbdunkel tätigen Verbänden gab es eine Art von Arbeitsteilung. Die politische Unterstützung der Verbände durch Bereitstellung von Unterhaltsmitteln, Unterkunft, Waffenlagern, Übungsplätzen und Verstekken seitens deutschnationaler Großgrundbesitzer war in diesem Rahmen nur ein Teil der gegenseitigen Hilfe, die das Ergebnis einer – ungeachtet mancher taktischer Differenzen – bestehenden grundsätzlichen Übereinstimmung war. Diesem Verhältnis zur Deutschnationalen Partei entsprach das Verhältnis eines Teils der Verbände zur Reichswehr, die ihre Vertrauensmänner in den Verbänden hatte.

Aber in dem Maße, in dem die Aussicht auf außenpolitische Abenteuer geringer wurde, die Reichswehr und die Sicherheitspolizei sich konsolidiert und die Zusammenarbeit mit den zuständigen Reichs- und Landesbehörden normalisiert hatten, schwand der Boden für die »nationalen Verbände«, wenigstens für die bisher von ihnen als Hauptaufgabe betriebene Tätigkeit. Gewiß war ein Teil ihrer militärischen Kader von der Reichswehr, der Sicherheitspolizei und vom »Stahlhelm« (einem sich politisch an die Deutschnationale und an die Deutsche Volkspartei anlehnenden Soldatenbund) aufgesogen worden; doch war die Zahl der von den Verbänden erfaßten und insgeheim in Bürgerkriegsübungen ausgebildeten Schüler und Studenten inzwischen angewachsen, und die Demobilisierung der Freikorps und Abwicklungsdienststellen hatte weiter zur Vergrößerung des Grundbestands der Verbände beigetragen. Deren Unterbringung und Beschäftigung wurde zu einem Problem, das für die »nationalen Verbände« unlösbar war, solange sie ihren bisherigen Charakter nicht änderten. Eine solche Änderung aber konnte nur darin bestehen, die Splitterung und Zerfahrenheit innerhalb der Menge extrem-reaktionärer Organisationen durch die Bildung einer neuen zentralen politischen Parteiorganisation zu überwinden. Damit wäre der Deutschnationalen Partei ein Konkurrent entstanden, was angesichts der zunehmenden Unzufriedenheit der verarmten Schichten des städtischen Mittelstands mit der großagrarisch und schwerindustriell orientierten Politik der Deutschnationalen immer notwendiger zu werden schien. Doch die Versuche zur Sammlung und politischen Konzentration, die wiederholt und von verschiedenen Stellen aus unternommen wurden, scheiterten nach kurzem strohfeuerartigem Aufflackern. Weder die »Deutschvölkische Freiheitspartei« Wulles noch die »Deutsch-soziale Partei« Kunzes erwiesen sich als geeignet und fähig zur Überwindung des Chaos, das im Sumpf um die Deutschnationale Partei herum herrschte.

Es ist notwendig, die Ursachen dieser Mißerfolge etwas genauer zu betrachten. Um so deutlicher werden die Gründe des Erfolgs der NSDAP zu verstehen sein. Die »Deutsch-völkischen« und die »Deutsch-sozialen« propagierten einen prinzipiellen Antisemitismus. Aber obwohl sie damit an eine Anschauung appellierten, die allen Richtungen der extremen Rechten gemein war und die auch in der Deutschnationalen Partei gang und gäbe war, erwies sich die lärmende Agitation für einen prinzipiellen Antisemitismus dennoch nicht als massenwirksam und massenbildend. Dasselbe gilt von dem von beiden Parteien propagierten prinzipiellen Widerstand gegen die Durchführung des Versailler Friedensvertrags. Diese Widerstandspropaganda und die mit ihr verbundenen Handlungen einzelner oder kleiner Gruppen wirkten seinerzeit eher einer Massenwerbung entgegen, weil sie Terrorismus und Sabotage und damit verschwörerhafte Organisationsformen begünstigten, nicht aber den Weg zur Massenorganisation ebneten. Der Haß gegen die Republik, gegen alle demokratischen Einrichtungen und gegen die Arbeiterbewegung, der gleichfalls allen jenen reaktionären Richtungen gemeinsam war, wirkte ebensowenig stimulierend im Sinne eines Zusammenschlusses. Obwohl sie ideologisch alle mehr oder weniger bewußt auf die Gedanken der Alldeutschen, auf die Schriften Lagardes und H. St. Chamberlains zurückgriffen und – wie schon gezeigt worden ist – im Bekenntnis zum Antisemitismus und in der haßerfüllten Feindschaft gegen alles Republikanische, Demokratische und Sozialistische übereinstimmten, herrschten doch zwischen und in den einzelnen Organisationen scharfe Gegensätze: So hinsichtlich der Stellungnahme zum Christentum, das von verschiedenen zugunsten eines altertümelnden Wotanskults, einer mystischen Sonnenreligion oder andrer Kulte absolut abgelehnt wurde, während andere es in antisemitischem oder auch mittelalterlich-germanischem Sinne umwandeln wollten. So auch hinsichtlich der Beteiligung oder Nichtbeteiligung am Parlament, hinsichtlich der Stellungnahme zur Technik – die von einem erheblichen Teil »verworfen« wurde –, in außenpolitischer Beziehung und in schier unzähligen Einzelfragen. Unter solchen Umständen nahm ein Teil jener Organisationen eher einen Sektencharakter an, befaßte sich mit ins Okkultische übergreifenden Fragen, entwickelte eine teils romantisch-mystische, teils lebensreformerisch betonte Lebensauffassung, als daß er sich zur Bildung einer politischen Partei im großen Stile hätte aufraffen können. Insofern war die Mehrzahl dieser Organisationen ein Ausdruck des Zerfalls des alten Regimes und seiner Ordnung; sie bot ein Bild der Hilflosigkeit und Fäulnis, das einen bezeichnenden Gegensatz zu den überheblichen Deklamationen und Proklamationen darstellte.

Der NSDAP blieb es vorbehalten, die Ideologie und die Organisationsformen zu entwickeln, die sie zu einer Massenbewegung von ganz neuem Typus gemacht haben. Diese Partei scheiterte nicht an dem mißglückten Versuch, gemeinsam mit anderen reaktionären Kräften im November 1923 eine Diktaturregierung durch einen Putsch zu installieren. Vielmehr gelang es ihr nach 1923, ihren bisher vorwiegend auf Süddeutschland begrenzten Tätigkeitsbereich systematisch auf ganz Deutschalnd auszudehnen und zu der angestrebten zentralen Sammlungspartei der extremen Reaktion zu werden. Die süddeutsche, hauptsächlich in Bayern verankerte, Anfangstätigkeit der NSDAP wies noch nicht das ganze System der Massenbearbeitung auf, durch das die Partei später ihren Einfluß errungen hat. Aber vom Beginn an zeichnete sich die NSDAP vor anderen Vereinigungen solcher Art durch Besonderheiten aus, die ihr mit der Zeit zum Übergewicht über ihre Mitbewerber und schließlich dazu verholfen haben, die Monopolpartei der extremen Reaktion zu werden. Die schon in den ersten Jahren hervortretenden Besonderheiten der NSDAP waren, knapp skizziert:

Sie trat von Anfang an als politische Partei auf, deren Programm auf die Werbung von Mitgliedern und Anhängern aus allen schaffenden Volksschichten zugeschnitten war.
Sie versprach schon durch ihren Namen die Verbindung der beiden hauptsächlich wirkenden Ideen der Zeit: Nation und Sozialismus, und sie machte den Begriff »Arbeiter« zu einem für die der Not der Nachkriegsjahre ausgesetzten Mittelschichten akzeptablen.
Sie verzettelte ihre Kräfte weder in Auseinandersetzungen über Religionsfragen noch in der einseitigen Pflege militaristischer Traditionen, sondern entwickelte frühzeitig den sogenannten Totalitätsanspruch ihres politischen Programms in einer auf allen Gebieten des öffentlichen Lebens entfalteten Offensive.
Sie unterschied sich durch Aufbau, Formen der Par-

teitätigkeit, äußere Kennzeichen von allen anderen Parteien und verstand es, insbesondere die äußeren Kennzeichen im Bewußtsein ihrer Anhänger zu einer Art von Rangabzeichen zu machen, durch deren Gebrauch die sich hervorgehoben und ausgezeichnet, respektive auch bevorrechtet, fühlten.

Sie baute ihre Organisation systematisch in einer ganz besonderen hierarchischen Ordnung auf, deren breiter Unterbau Spielraum für die Entfaltung des persönlichen Ehrgeizes der aktiven Anhänger ließ und die entsprechenden Anregungen bot.

Sie ließ den Aktivismus ihrer speziell gedrillten Kadertruppen nicht zum Selbstzweck werden oder sich erschöpfen, sondern stimulierte durch ihn (dabei die Anziehungskraft ihres hierarchischen Systems, ihrer äußeren Kennzeichen und einen systematisch organisierten und in die gesamte Parteitätigkeit eingebauten Terror auspielend) die Aktivität breiter Massen in der von den Kadertruppen eingeschlagenen Richtung.

Sie ließ die militärischen Übungen und die Pflege der militaristischen Traditionen nicht zum Selbstzweck und damit schließlich im Bewußtsein eines Teils der Mitglieder zur Spielerei werden, sondern machte die Tätigkeit von Bürgerkriegsformationen aus einer Schulungstätigkeit zu einem Bestandteil der täglichen Parteiarbeit, wodurch die terroristisch interessierten Kräfte sich als besonders wichtige und unentbehrliche Stützen der Partei schätzen lernten.

Dies waren die schon in den ersten Jahren der Tätigkeit der NSDAP hervortretenden besonderen Merkmale, deren Entwicklung selbst und deren schließliche Wirkung nur in Verbindung mit einer ganz spezifischen politischen Praxis möglich war und zu verstehen ist. Auf das kürzeste zusammengedrängt, ist diese politische Praxis der NSDAP, wie sie sich in den Jahren der süddeutschen Tätigkeit entwickelt hat, so zu charakterisieren:

Innenpolitische Offensive durch die ohne jede Rücksicht auf die Wahrheit gegen die politischen Gegner erhobene Beschuldigung, Landesverräter zu sein, die entweder direkt im Dienste der Gegner Deutschlands stehen oder diesen in die Hände arbeiten, indem sie die Durchführung des Versailler Vertrages ermöglichen.

Der Versailler Vertrag, auf den die vulgäre Agitation der NSDAP schlechthin alle in Deutschland auftretenden Schwierigkeiten, Übel etc. zurückführte, und der von ihr als das Werk einer die Welt insgeheim beherrschenden jüdischen Clique ausgegeben wurde, ist also von ihr zu einer innenpolitischen Waffe gemacht worden, wodurch sie die ganze Enttäuschung und Verbitterung der durch den für Deutschland negativen Ausgang des Weltkrieges um ihre Erwartungen betrogenen Kreise umschaltete und auf das Gebiet der innenpolitischen Auseinandersetzung konzentrierte.

Diese Umschaltung von Empfindungen der Enttäuschung und der Hoffnung auf Rache vom außenpolitischen auf das innenpolitische Gebiet und die damit verbundene Beschuldigung aller der NSDAP im Wege stehenden Personen als Landesverräter und Mitschuldige an Deutschlands schwerer Lage gab dem Kampf, den die NSDAP um die Macht führte, den ganz besonderen Impuls und legte den Grund zu der Fanatisierung der durch sie angeführten Masse, in deren Augen ja nunmehr jedes persönliche Ungemach und Mißgeschick als Teil und Ausdruck des Nationalunglücks erschien, das von jenen Landesverrätern herbeigeführt oder zumindest mitverschuldet worden sei.

In diesem Kampf waren Erfolge relativ leicht greifbar und sichtbar. Sie wurden, in konsequenter Weiterentwicklung der vorstehend charakterisierten politischen Praxis, von der NSDAP als Erfolge im Kampf um Deutschland gefeiert, wodurch auf jeden am innenpolitischen Machtkampf der NSDAP Beteiligten ein Abglanz des Ruhmes eines Kämpfers für des Vaterlandes Wiederauferstehung fiel. Wenn es der NSDAP gelungen war, im Bewußtsein einer schnell anwachsenden breiten Masse das dem Einzelnen im Erwerbsleben, in der Familie oder sonst zustoßende persönliche Ungemach als Bestandteil und Ausdruck des Nationalgefühls Deutschlands erscheinen zu lassen, so wurde nun entsprechend jede Tat persönlicher Rache am Konkurrenten, Rivalen, Nebenbuhler oder an einer mißlichen Person schlechthin im Bewußtsein jener Masse zu einer nationalen Tat, und ihr Täter wurde zum nationalen Helden.

Diese Praxis hatte sich in Bayern bewährt. Die NSDAP nützte dort die durch die Niederschlagung der Münchener Arbeiterschaft und der kleinbäuerlich-revolutionären Bewegung geschaffene Lage aus. Zugleich nützte sie gewisse bayerisch-föderalistische Tendenzen skrupellos bis zum unmittelbaren Separatismus aus, den sie als Druck- und Drohmittel gegen die Reichsregierung während der Zeit der schwierigsten außenpolitischen Konflikte ausspielte. Die Partei, deren Politik in der Umwandlung Deutschlands in ein System von Mechanismen zur Eroberung der Weltherrschaft gipfelte, unterschied sich in den Jahren, in denen sie noch mit anderen Organisationen um die Führung konkurrierte, gerade dadurch von allen anderen, daß sie die Außenpolitik systematisch zur innenpolitischen Waffe machte und sie skrupellos gebrauchte. Im Kampf um die Führung und um die Staatsmacht hat die NSDAP am raffiniertesten jede außenpolitische Schwierigkeit Deutschlands zur Förderung ihrer eigenen innenpolitischen Ziele auszunützen verstanden. Dem verdankt sie ihr Übergewicht über alle anderen reaktionären Organisationen. Später, als sie im Besitz der Staatsmacht war, hat die NSDAP sich selbst als der Träger aller nationalen Widerstandshandlungen ausgegeben und hat sowohl den

Abwehrkampf der Arbeiterschaft an Ruhr und Rhein vom Jahre 1923, wie die Kämpfe und die Opfer, die die Arbeiterschaft des Saargebiets und der Sudeten 1918/19 für das nationale Selbstbestimmungsrecht gebracht haben, als ihr Verdienst ausgegeben, obwohl die NSDAP in jenen Jahren einen ablehnenden Standpunkt gegen diese nationalen Widerstandshandlungen eingenommen hatte. Hitler selbst hatte auf das schroffste jede Unterstützung des Ruhr-Rhein-Abwehrkampfes 1923 mit der Begründung verweigert, er wolle nicht dazu beitragen, daß Stresemann einen außenpolitischen Erfolg verbuchen könnte! Diese Haltung zur Außenpolitik ging so weit, daß über die seinerzeit noch bestehende diplomatische Vertretung Frankreichs in München Verbindungen zwischen der NSDAP und französischen reaktionären Kreisen unterhalten wurden. Daß später Personen, die in jenen Jahren an der von französischen Finanzkreisen subventionierten Separatistenbewegung teilgenommen hatten, maßgebende Positionen in der NSDAP einnehmen konnten (Gauleiter Bürckel u. a.), nimmt danach nicht mehr wunder.

Durch die Entwicklung eines spezifischen Systems der Massenwerbung und Massenbewegung hat sich die NSDAP allen übrigen »nationalen Verbänden« und extrem-reaktionären Organisationen überlegen gezeigt. Der Ausbau dieses Systems und seine Anpassung an die seit 1923 eingetretenen politischen und wirtschaftlichen Veränderungen gaben der NSDAP die Überlegenheit, die sie im Kampf um die Staatsmacht gegenüber den großen bürgerlichen Parteien bewies. Es wäre irreführend, wollte man den Sieg der NSDAP über die großen bürgerlichen Parteien etwa darauf zurückführen, daß die NSDAP den Kampf gegen Versailles besser zu führen verstanden habe, oder darauf, daß die NSDAP so skrupellos in ihrer sozial gefärbten Massendemagogie gewesen ist. Ihre Überlegenheit beruhte nicht in einem einzelnen Faktor solcher Art, sondern entstand eben durch das von der NSDAP entwikkelte spezifische System. Dies, seine Wirkungen auf das politische Leben und seine Wirkungen weit über das eigentliche politische Leben hinaus gaben der NSDAP das Übergewicht.

In Anlehnung an die weiter vorn gegebene Zusammenfassung der Besonderheiten der NSDAP werden nun Züge des von ihr ins Leben gesetzten Systems der Massenwerbung, Massenzusammenballung und Massenbewegung knapp skizziert, die ihr den entscheidenden Vorsprung vor den großen bürgerlichen Parteien verschafft haben:

> Sie trat nicht, wie die anderen bürgerlichen Parteien, mit einem an eine bestimmte Schicht des deutschen Volkes appellierenden Programm auf, erklärte sich auch nicht als Interessenvertreter einzelner Teile oder Schichten des Volkes, sondern proklamierte ein Totalprogramm und erhob von vornherein Anspruch auf totale Machtausübung.
>
> Sie verteidigte nicht etwas, wie die anderen bürgerlichen Parteien, sondern griff an. Ihre gesamte

Tätigkeit war fortgesetzter Angriff. Sie trat zugleich revolutionär und als Bewahrer vor der proletarischen Revolution auf.

Sie erzwang Auseinandersetzungen und Stellungnahmen zu den von ihr aufgeworfenen Fragen in den meisten politischen, beruflichen, aber auch in gänzlich unpolitischen Organisationen und schuf sich dadurch im Rücken und in den Reihen der großen bürgerlichen Parteien selbst Positionen.

Sie zwang anderen politischen Organisationen und Parteien, aber auch unpolitischen Organisationen, eine Kampfesweise, Kampfmethoden und mitunter ganz bestimmte neue Formen der Tätigkeit auf, die es mit sich brachten, daß jene Organisationen gänzlich von ihrem eigenen Weg abkamen, sich der NSDAP anpaßten (um mit ihr Schritt zu halten), gerade dadurch aber nur der NSDAP halfen und sich selbst ruinierten.

Sie gab den vielen einzelnen, die durch den verlorenen Krieg aus ihrer Bahn gestoßen worden und um ihren gesellschaftlichen Halt gekommen waren, einen neuen Halt. Er bestand nicht nur in der Hoffnung auf die dereinstige Verwirklichung des Programms, sondern bewährte sich unmittelbar durch die Eingliederung des entwurzelten, Halt suchenden, respektive des den Untergang fürchtenden, einzelnen aus den breiten Mittelschichten in die vielverzweigten nationalsozialistischen Organisationen.

Sie hob die in ihren Organisationen erfaßten und zu einer neuen Einheit zusammengeballten Massen über die ihnen im Alltagsleben nahestehenden Mitmenschen hinaus, indem sie ihnen durch ein gemeinsames Erleben von politischen Kämpfen, Massenveranstaltungen und Werbetätigkeit das Gefühl gab, etwas Besonderes, ein Teil einer ausgezeichneten Gemeinschaft, zu sein. Indem sie ihnen durch die ganze Planlegung und Durchführung der Parteitätigkeit oft Gelegenheit gab, Teilerfolge zu feiern, pflegte sie bei diesen Massen eine allgemeine Siegeszuversicht und Siegessicherheit. Zur Siegessicherheit und zum Bewußtsein, Glied einer schon jetzt besonders ausgezeichneten, nach dem Sieg aber die Herrschaft ausübenden Gemeinschaft zu sein, fügte die NSDAP die Aussicht auf ein Strafgericht über alle Gegner und alle jene, die der NSDAP nicht mit zur Macht verholfen hatten. Dadurch wurde allen, die persönliche Rache an anderen nehmen wollten, eine Möglichkeit zu deren Befriedigung in nationaler Form in Aussicht gestellt. Zugleich wirkte das Wissen vom Strafgericht einschüchternd auf solche, die in Opposition gerieten. Vor allem aber schuf das Bewußtsein, Glied einer so starken Masse zu sein, die so vieles ausführte und vor noch größeren Zukunftsaufgaben stand, eine besondere Art von Zusammengehörigkeitsgefühl, das – so paradox es angesichts der breiten Masse, die davon erfaßt war, auch klingen mag – einem besonderen Verschwörergeist entsprach. Als Verschworene fühlten sich nicht nur die immer zahlreicher werdenden heimlichen Helfer, die als Beamte oder Angestellte im Staatsapparat, großen Unternehmungen oder Organisationen der NSDAP Berichte zukommen ließen, einen gewissen Beitrag abführten und sich als wichtige Glieder einer mächtigen Organisation betrachten durften, ohne öffentlich als Nationalsozialisten aufzutreten. Als Verschworene fühlten sich auch nicht nur die heimlichen Geldgeber verschiedener Grade. Als Verschworene fühlten sich sogar die Teilnehmer an Werbefahrten aufs Land, an sogenannten Saalschlachten, an Überfällen, und auch die einfachen Teilnehmer an Massenkundgebungen.

Sie trat als Massenpartei, als Partei der Massen, auf und verkörperte zugleich am ausgeprägtesten das diktatorischste Führerprinzip. Durch den hierarchischen Aufbau, den die gesamte Organisation erfüllenden Verschwörergeist und durch den Mythos, der systematisch um den aus der Masse emporgestiegenen und zu ihrem Führer berufenen Führer entwickelt wurde, verschmolzen die Massen der NSDAP zu einer Gesamtheit, die als Instrument für den Kampf um die Macht den bürgerlichen Parteien weit überlegen sein mußte, die ja selbst keine wirklichen eigenen Kampfestraditionen besaßen, deren der NSDAP nachgebildete Führer keineswegs die gleiche Wirkung ausüben konnten wie der Führer der NSDAP, der ja Bestandteil eines ganz spezifischen hierarchischen Massenbeherrschungssystems war, und die sich überdies im Wettbewerb mit der NSDAP schon lange vor der entscheidenden Auseinandersetzung ihrer eigenen Waffen begeben hatten, indem sie der NSDAP nachzueifern suchten, wodurch sie sich ihr aber in Wirklichkeit anpaßten.

Die politische Praxis der NSDAP, die dieses System der Massenwerbung, Massenzusammenballung und Massenbewegung in Gang hielt, bestand in der Entfaltung des Kampfes um die ganze Macht im Staate, gestützt auf die Behauptung, daß nur die NSDAP (respektive ihr Führer Hitler) Deutschland vor dem sonst sicheren Untergang in einem bolschewistischen Chaos zu retten vermöge, während die übrigen Parteien dazu weder fähig noch willens seien, weil sie selbst nur die verschiedenen Seiten ein und desselben »Systems« verkörperten, das seit 1918 und der Unterzeichnung des Versailler Friedensvertrags in Deutschland herrsche.

Diese hier auf eine knappe Formel gebrachte politische Praxis bedeutete die konsequente und systematische Weiterentwicklung der von der NSDAP von Anfang an mit Erfolg betriebenen Ausnützung des Versailler Vertrags als innenpolitische Waffe und überhaupt der Umschaltung von breiten Schichten bewegenden Gefühlen vom Umkreis der Außenpolitik auf das innenpolitische Gebiet.

Der Beamte – der sich bei der Beförderung übergangen fühlte –, der Angestellte – dessen Einkommen nicht mehr zur Aufrechterhaltung eines mittelstandsgemäßen Lebensstandards ausreichte –, der Pensionär, die Offiziers- oder Unteroffizierswitwe – deren Renten gering und deren Ersparnisse entwertet waren –, die Hauseigentümerin – deren Mieteinkünfte nicht mehr zur Aufrechterhaltung des gewohnten Lebensstandards ausreichten –, der Geschäftsmann – der sich von Konkurrenten beiseite gedrängt fühlte –, der Erwerbslose – dessen Versuche zum Aufbau einer neuen Existenzmöglichkeit wiederholt gescheitert waren –, der Handwerksmeister – der dem modernen technisierten Unternehmen unterlag –, der Studierende – der keine Aussichten auf einen festen Beruf mit sicherem Einkommen hatte –, die Tochter aus ehemals wohlhabender Familie – der sich weder durch Heirat noch beruflich Chancen zu einem gesicherten standesgemäßen Leben boten –, der Ingenieur, der Architekt – die sich durch die Wirtschaftskrisen in der Entfaltung ihres Tätigkeitsdrangs gehemmt und zudem durch jene Berufskollegen verdrängt fühlten, die Aufträge oder Anstellung besaßen –, der Landarbeiter – der seine seit dem Krieg nur unwesentlich oder gar nicht verbesserten Einkommens-, Wohn-, und Arbeitsverhältnisse mit denen der Industriearbeiterschaft verglich –, der Häusler – dessen vordem durch vielfach zu untertariflichen Bedingungen geleistete Arbeit in der Industrie gesichertes Nebeneinkommen infolge der Massenarbeitslosigkeit und der Schutzmaßnahmen der organisierten Arbeiterschaft gegen untertariflich bezahlte Arbeitskräfte gefährdet war –, die Dienstboten und Hausangestellten – die ihre Lebenslage mit der ihrer nicht nationalsozialistischen Prinzipale verglichen – sie alle und noch viele andere aus benachbarten Kategorien wurden früher oder später von den ihnen durch die NSDAP gegebenen Erklärungen und Parolen eingenommen und vom Massenbewegungssystem dieser Partei erfaßt, weil sie nach mit anderen Parteien erlebten Enttäuschungen in dieser Partei zugleich den sofort spürbaren Halt, eine im Gange befindliche Bewegung und die Befriedigung fanden, nicht nur für rein persönliche und materielle Interessen sich einzusetzen, sondern für – Deutschland (eben weil die NSDAP sie zum Kampf gegen ein »System« führte, das Versailles und seine geheimnisvollen angeblichen jüdischen Hintermänner repräsentieren sollte).

Der Erziehung und der gesellschaftlichen Herkunft dieser Personen entsprach an und für sich eine Abneigung gegen die klassenbewußte Arbeiterschaft, die durch eine seit 1918 unausgesetzt betriebene und in grellen Farben gehaltene vielseitige Panikmache vor dem sogenannten Bolschewismus zur vielfach hysterischen Angst vor der proletarischen Revolution gesteigert worden war. Die ganz spezielle sogenannte Aufklärungstätigkeit über Sowjetrußland, die von kirchlichen Stellen, bürgerlichen Parteiorganisationen, Staatsinstitutionen, sozialdemokratischen und freigewerkschaftlichen Beamten und Institutionen seit 1918 betrieben und von der NSDAP schließlich übernommen, zusammengefaßt, systematisiert worden war, ließ das als Menetekel an die Wand gezauberte Gespenst des Bolschewismus und der proletarischen Revolution zudem noch als eine Deutschland von außen drohende und im Innern Deutschlands ständig von einer auswärtigen Macht geschürte Gefahr erscheinen. Dies lag durchaus im Sinne der von der NSDAP betriebenen politischen Praxis der Durchführung ihrer politischen Offensive mit außenpolitischen Argumenten und wurde von ihr folgerichtig zur Massenfanatisierung ausgenützt. Das ständige An-die-Wand-Malen einer drohenden Gefahr und das Vorspielen dieser Gefahr durch den Organisationsmechanismus der NSDAP (Sinn der terroristischen Überfälle und der bürgerkriegsmäßigen Militarisierung des politischen Lebens!) riefen schließlich auch bei dem Teil der von der NSDAP umworbenen Bevölkerungsschichten, der nicht selbst in den politischen Kampf hineingezogen zu werden wünschte oder gewisse festere demokratische, liberale, christliche oder konservative Grundsätze hegte, die Bereitschaft hervor, die NSDAP angesichts der angeblich drohenden, überhängenden Gefahr als das kleinere Übel zu akzeptieren. So weit die NSDAP nicht selbst werbend und massenaktivierend wirken konnte, erreichte sie also einen so hohen Grad des Erschreckens vor der von ihr behaupteten und durch ständige Bürgerkriegspraxis demonstrierten Gefahr, daß die davon Befallenen entweder vom Kampf gegen die NSDAP Abstand nahmen oder sie sogar als vermeintlichen Schutz gegen die größere Gefahr auf verschiedene Art unterstützten (letzteres systematisch gefördert durch die überall tätigen heimlichen und öffentlich nicht als Nationalsozialisten kenntlichen Helfer).

Die großen bürgerlichen Parteien erlagen den Angriffen und Einwirkungen des von der NSDAP ins Leben gerufenen und betriebenen Massenbewegungssystems um so eher, als sie selbst (abgesehen von der Zentrumspartei) keine wirklichen Kampftraditionen und gefestigten Organisationen besaßen. Vielmehr waren sie fast durchweg erst nach dem Krieg entstandene und rasch aufgeblähte Wahlmaschinerien, die von Parteibeamten am Leben gehalten wurden. Sie verkörperten viel mehr die organisierte Abneigung gegen die organisierte Arbeiterschaft, als eine eigene positive liberale oder auch konservative Grundrichtung. Infolgedessen mußten sie um so leichter von der NSDAP überrannt werden, als in ihren Reihen Sympathien mit den gegen die Arbeiterorganisationen gerichteten terroristischen Handlungen der NSDAP verbreitet waren, beziehungsweise Teile der Parteimitgliedschaften bereit waren, die NSDAP als »kleineres Übel« und Schutz zu akzeptieren.

Eine gewisse Ausnahmestellung nahm im Rahmen der bürgerlichen Parteien die Zentrumspartei ein, die infolge ihrer relativ ausgeprägten weltanschaulichen Geschlossenheit, infolge ihres Charakters als Zusammenschluß und politische Vertretung einer konfessionellen Minorität, schließlich als Partei mit langjährigen Kampftraditionen (die aus dem von Bismarck gegen sie eröffneten

»Kulturkampf« als Sieger hervorgegangen war), nur unwesentliche Teile ihrer Peripherie an die NSDAP verlor. Doch diese Partei erlag insofern der Wirkung der nationalsozialistischen Massenbeeinflussung, als sie unter dem Einfluß einer bedeutenden Führungsschicht versuchte, selbst die autoritäre antikommunistische Kampfpartei zu werden und auf diesem Gebiet mit der NSDAP zu konkurrieren, respektive zu teilen. So hat sie der NSDAP noch im Frühjahr 1933 die sozusagen parlamentarische Beschließung des Ermächtigungsgesetzes durch ihre Zustimmung ermöglicht; durch eine Handlung, die ihr eine Existenz im Massenbeherrschungssystem der NSDAP erkaufen sollte, unterschrieb sie ihr eigenes Todesurteil.

Nachdem in den Grundzügen festgestellt worden ist, welches die Voraussetzungen dafür waren, daß die NSDAP a) sich aus einem Wust von extrem-reaktionären Organisationen allein zu einer Massenpartei entwickelt und b) die großen bürgerlichen Parteien im Kampf um die Staatsmacht geschlagen und aufgerieben hat, sei nun in einer kurzen besonderen Zusammenfassung konstatiert, welche Veränderungen überhaupt im politischen Leben im Zusammenhang mit dem Wirken der NSDAP eingetreten und von der NSDAP zu Voraussetzungen für die Machtergreifung ausgestaltet worden waren.

Aus dem, was bisher ausgeführt worden ist, muß sich eins ganz klar ergeben:
Die NSDAP verdankte ihre Überlegenheit anderen

> Parteien und Organisationen gegenüber nicht einem einzelnen, besonders eindrucksvollen Punkt ihres Programms, auch nicht der Gesamtkonzeption ihres Programms an und für sich, sondern der dynamischen und durch diese Dynamik wiederum anziehenden Wirkung des von ihr ausgearbeiteten, allseitig erprobten und fortlaufend ergänzten Systems einer hierarchisch geordneten Massenbewegung.

Diese Feststellung bedeutet nicht die Bewertung der besonders eindrucksvollen Organisationstätigkeit der NSDAP über das ihr zukommende Maß hinaus. Sie bedeutet auch nicht, daß wir unter diesem Eindruck etwa technisch-organisatorische Folgerungen aus einem politischen Programm, respektive aus einer politischen Propaganda, fälschlicherweise als das Primäre ansehen. Nein, es soll der hier angewandte Begriff: *System einer hierarchisch geordneten Massenbewegung,* in der Tat als das von der NSDAP eingeführte spezifisch Neue verstanden werden. Massenwerbung, Massenzusammenballung und Massenbewegung sind von der NSDAP auf ihrem Weg zur diktatorischen Alleinherrschaft über das Deutsche Reich zu einem System entwickelt worden, das als Ganzes betrachtet und untersucht werden muß, wenn man den Erfolg dieser Partei verstehen will. (Deshalb ist auch mit voller Absicht bei den vorstehenden zwei kurzen Zusammenfassungen jeweils erst am Schluß von der »politischen Praxis« geschrieben worden, durch die jenes vorher in den charakteristischen Grundzügen aufgezeichnete Massenbewegungssystem in Bewegung gehalten wurde. Denn nur auf diese Weise werden wir dazu kommen, klarzumachen, was die NSDAP eigentlich dargestellt und unter welchen Voraussetzungen sie die Staatsmacht erobert hat.)

Als besonders wesentliche Seite dieses Systems einer hierarchisch geordneten Massenbewegung ist das sofortige Einordnen des einzelnen in eine sich ständig vorwärts bewegende Gemeinschaft anzusehen. Die NSDAP versuchte nicht einfach durch Wort und Schrift überzeugend zu wirken, sondern sie brachte dem einzelnen den Eindruck bei, daß sie – allein des rechten Ziels bewußt – bereits auf dem Wege zu diesem Ziel sei, und daß der einzelne durch Anschluß und Mitmarschieren vom Augenblick seines Anschlusses an Vorteile zu gewärtigen habe, die er anders nicht nur missen, sondern deren Gegenteil er gewärtigen müßte, wenn er fernbliebe. Diese beabsichtigte Wirkung trat nun nicht etwa überall und gleichzeitig sofort ein; das war weder möglich noch erwartet worden. Aber daß die Bewegung der NSDAP hochflutartig anschwoll, daß sie ständig breiter wurde und systematisch weiter in die ihr vorher noch unzugänglich gewesenen Schichten eindrang, das war das Ergebnis eines nach genauem Studium der Verhältnisse in den Nachkriegsjahren ausgearbeiteten Systems, das nach einem kaltblütig ausgerechneten strategischen Plan verwirklicht worden ist.

Dieses System einer hierarchisch geordneten Massenbewegung hatte die durch den Krieg 1914/18 teils hervorgerufene, teils zutage getretene Unsicherheit und Haltlosigkeit zur Voraussetzung.

Zunächst war es die Unsicherheit und Haltlosigkeit der zahlreichen verabschiedeten Offiziere und Unteroffiziere, der demobilisierten Soldaten ohne erlernten Beruf und ohne berufliche Vergangenheit, der Freikorpsleute und jenes erheblichen Teils der Schüler höherer Lehranstalten, der sich durch den für Deutschland negativen Ausgang des Krieges um die Chancen der sonst eingeschlagenen Offizierslaufbahn betrogen sah, – der die NSDAP durch die Dynamik ihres Massenbewegungssystems abhalf. So gewann die NSDAP ihre Kader- und Stammtruppen.

In der Folge war es die Unsicherheit der durch Inflation, Geldentwertung, Zusammenbruch der unter der Voraussetzung eines siegreichen Krieges spekulativ aufgebauten Existenzen, Umschichtung der Kaufkraft und viele andere wirtschaftlichen Kriegsfolgen betroffenen Schichten (besonders des städtischen Mittelstands im weitesten Sinne des Wortes), der sich das von der NSDAP ins Leben gesetzte dynamische System anpaßte. So gewann die NSDAP Hunderttausende und Millionen SA-Männer, Parteimitglieder, Zeitungsverkäufer, Plakatkleber, Marschierer, Kundgeber, Wähler.

Doch soll die Unsicherheit und Haltlosigkeit nicht nur in diesem engeren Sinne – als Ausdruck der ökonomisch bedingten Misère früher besser gestellter Schichten – verstanden werden.

Im Grunde genommen untergruben Unsicherheit und Haltlosigkeit seit dem Kriege von 1914/18 das Leben im weitesten Sinne: Auf politischem, wirtschaftlichem, kulturellem Gebiet waren die alten Normen ebenso erschüttert worden wie auf ethischem und religiösem Gebiet. Neue waren entweder noch nicht gesetzt oder nicht als allgemeingültig anerkannt. Deswegen kennzeichnete nicht allein die offen zutage tretende wirtschaftlich betonte Unsicherheit der vorstehend umrissenen Existenzen das Leben der Nachkriegsjahre, sondern die mitunter (wie verborgene Blasen und Fehler in Gußeisen) viel tiefer liegende, nicht auf den ersten Blick zu entdeckende, Unsicherheit – ja: Haltlosigkeit – fand sich auf den verschiedensten Gebieten des Lebens, und es erwies sich später, daß manche äußerlich imposanten Einrichtungen auf unterhöhltem Grund und auf Geröll erbaut waren.

In Deutschland war 1918 eine innerlich widerspruchsvolle Ordnung zusammengebrochen. Aber statt eines Neubaus aus homogenem Material wurde ein aus den Trümmern zusammengestücktes Provisorium errichtet, um dessen Erweiterung, Ausbau oder Niederreißung und Ersetzung durch einen neuen Bau alsbald heftiger Streit entbrannte. Im Bewußtsein der meisten Zeitgenossen sind die Jahre zwischen 1918 und 1933, nicht nur seit 1933, also nachträglich, als von einem Provisorium beherrscht eingetragen, sondern von 1918 an haben wir – ungeachtet des politischen Standpunkts, den der einzelne annahm – fortlaufend die Jahre als Provisorium erlebt. Im Bewußtsein der meisten Zeitgenossen stand es – so oder so – fest, daß die Schaffung einer stabilen Macht, die von Grund auf beginnen müßte, noch bevorstand!

Aus einem Zwischenzustand, der nach Lage der Dinge nur von der organisierten Arbeiterschaft durch die Schaffung einer stabilen Macht hätte rasch abgelöst werden können, wurde ein Dauerzustand. Dadurch, daß die NSDAP die organische Schwäche der organisierten Arbeiterschaft frühzeitig erkannte und das Problem verstand, das sich daraus ergab, wurde sie fähig, die Lösung zu verwirklichen, zu der nicht nur keine der anderen bürgerlichen Parteien fähig war, sondern in deren Rahmen eben auch die Auflösung der großen bürgerlichen Parteien und das Aufgehen der haltlos und »frei« gewordenen Millionen einzelner in einer neuen Masse gehörte.

Die Alternative lautete: Entweder ergreift die organisierte Arbeiterschaft die Initiative zur Errichtung und Sicherung der demokratischen Ordnung, oder aus dem Sumpf der durcheinandergerüttelten, chaotisch haltlosen Elemente der alten Ordnung ballt sich eine neue Masse zusammen, die Deutschland den Weg diktieren wird.

Weil im Bewußtsein breiter und für die Gestaltung der politischen Wirklichkeit ausschlaggebender Schichten das immer noch herrschende Provisorium der Ablösung durch die endlich notwendige Grundlegung zum Neuen harrte, bewegte sich das politische Leben eigentlich nicht um die Gesetzgebung, nicht um die Schaffung von Bedingungen zum Erlaß allgemeingültiger Gesetze, nicht um Gesetzesreformen, sondern es ging im Grunde genommen und in jeder Einzelfrage stets und ständig um die Konstituierung der Macht, um die Durchsetzung und um die Beseitigung von Personen.

Der politische Kampf spielte sich nicht im Rahmen und in der Arena gesetzlich verankerter Institutionen ab, sondern war ein dauernder Bürgerkrieg und wurde als solcher systematisch geschürt und geführt. In ihm herrschte, von der NSDAP bewußt hineingetragen, das Prinzip der Vernichtung. Die Gegner vermochten einander nicht mehr unter dem Gesichtspunkt zu betrachten, zwar politische Gegner, aber doch Angehörige einer Nation zu sein, ganz zu schweigen davon, daß sie einander nicht mehr als Menschen achteten. (In jener Praxis liegen die Keime zu den späteren, vielen Betrachtern unerklärlichen, Gewaltakten und schmutzigen Gemeinheiten, die im Kriege in den okkupierten Ländern zu stumpfsinnigem Massenvernichten anschwollen!)

Das politische Leben wuchs in eben dem Maße, in dem es eigentlich nicht mehr durch die Bezeichnung »politisches Leben« richtig charakterisiert wird, weit über den je innegehabten Umfang hinaus, drang in alle Poren des gesellschaftlichen und individuellen Lebens und wurde zu einer Auseinandersetzung um alle Probleme, der sich keine Gemeinschaft oder Gruppe von Personen zu entziehen vermochte.

Die NSDAP, die, nachdem sie die organische Schwäche der organisierten Arbeiterschaft erkannt hatte, systematisch daranging, ihre Alternative durchzusetzen, hat mit ihrem System zur Massenwerbung, Massenzusammenballung und Massenbewegung den durch die herrschende Unsicherheit haltlos gewordenen einzelnen Halt und mehr als nur Halt gegeben; sie hat sie umgeschmolzen zu einer Masse, die nicht mehr durch heterogene Individualwünsche und -bestrebungen gelockert wurde, sondern ein mechanisiertes Angriffswerkzeug geworden ist. Die NSDAP hat von Anfang an und, konsequent durchhaltend, mit immer stärkerer Wucht den innenpolitischen Kampf um die Macht als einen Krieg, nach den Gesetzen des Krieges, geführt. Entstanden aus Stammtruppen, die ursprünglich keinen anderen Beruf kannten als den, Krieg zu führen, hat sie mit Hilfe der politischen Praxis – den innenpolitischen Gegner stets als bewußten oder unbewußten Vertreter einer feindlichen auswärtigen Macht zu kennzeichnen – die von ihr zusammengeballte Masse fanatisiert und in den Glauben versetzt, Krieg mit dem Ziel um die Rettung Deutschlands zu führen, in dem der Sieg nur durch die Vernichtung der Gegner entschieden würde. (Die Jahre vom Ende des Ersten Weltkriegs bis zum Beginn des Zweiten waren von der Fortsetzung des Krieges im Innern erfüllt.)

Um diesen, notwendigerweise zunächst roh entworfenen, Umriß der im Zusammenhang mit dem Wirken der NSDAP im politischen Leben eingetretenen Veränderungen abzuschließen, ist, ergänzend zu dem schon kurz Ausgeführten, noch zu vermerken, inwiefern das von der NSDAP in Gang gesetzte System einer hierarchisch geordneten Massenbewegung tiefgehende Veränderungen in den Reihen ihrer Gegner bewirkte.

Der Militarismus wurde nach und nach im gesamten politischen Leben eingeführt. Die militaristischen Ausdrucksformen wurden von den Gegnern übernommen als vermeintlicherweise geeignet zur Abwehr, und um der NSDAP den Wind aus den Segeln zu nehmen. In Wirklichkeit vollzogen die Gegner damit eine folgenschwere Anpassung an die NSDAP. Sie ließen sich auf die Weise Kampfmethoden aufzwingen und vorschreiben, die zu ihrem eigenen Untergang beitrugen:

Der Führerkult und das Einführen der hierarchischen Ordnung veränderten den Charakter zahlreicher, der NSDAP als Gegner gegenüberstehenden Organisationen in einer Weise, die – unter dem Gesichtspunkt der späteren Erfahrungen – nur als unbewußte Vorbereitung der Gleichschaltung richtig zu charakterisieren ist.

Soweit sich das Massenbewegungssystem der NSDAP im sogenannten Aufziehen von Massenkundgebungen (charakteristische Worte), in der Beherrschung ganzer

Stadtteile und Ortschaften durch die Parteifahne, in sogenannten Plakatschlachten und Transparentwettkämpfen äußerte, wurde es von den gegnerischen Richtungen mehr und mehr nachgeahmt, d. h. übernommen und umgemodelt. Das geschah auf Kosten der dagegen in den Hintergrund gedrängten und verdrängten ursprünglichen Ausdrucksmittel demokratischer Prägung.

Die Presse und die politische Literatur entwickelten sich unter dem immer mehr vorherrschenden Eindruck der von der NSDAP ins politische Leben eingeführten Faktoren zu Spiegelbildern der Führervergottung, des Massenrausches, des Vernichtungskrieges, des alles durchdringenden und in seinen Bann zwingenden Militarismus. Das ist nicht nur von dem Teil der Presse gesagt, der – wie die weit verzweigte und verbreitete »Lokalanzeigerpresse« – so unter den Einfluß der NSDAP geriet, daß er offen Werbearbeit für diese Partei besorgte. Es gilt auch von der die NSDAP bekämpfenden Presse, die sich – bis auf wenige Ausnahmen – ein solches Gesicht aufzwingen ließ.

Die von der NSDAP in den Reihen der gegnerischen Organisationen geworbenen heimlichen Helfer haben zwar in nicht zu unterschätzendem Umfang zur Vorbereitung des Sieges der NSDAP beigetragen, aber ihr Beitrag war von Bedeutung hauptsächlich insofern, als sie die Unsicherheit dort ausbreiteten und die Haltlosigkeit zu erzielen suchten, aus denen die NSDAP ihre eigenen Anhänger herausgerissen und gerettet hatte, indem sie sie zu

Bestandteilen ihrer Massenbewegung machte. Die wesentlichsten Mittel zur Erzielung der das Vordringen der NSDAP begünstigenden Unsicherheit und Haltlosigkeit in den gegnerischen Reihen waren: Das Schrecken mit der bolschewistischen Gefahr und das Einschüchtern durch die Vorankündigung des den Gegnern und Neutralen drohenden Strafgerichts nach dem als sicher hingestellten Sieg der NSDAP. (Dem schon wiederholt erwähnten bürgerkriegsmäßigen Terror, den die NSDAP zu einem Bestandteil ihres Massenbewegungssystems gemacht hatte, kam die Funktion zu, zugleich das Einschüchtern zu bekräftigen und ständig zu demonstrieren, wie akut und nahe die behauptete bolschewistische Gefahr sei.)

In der Unfähigkeit der Gegner der NSDAP, einen Block zu bilden, der die Machtergreifung der NSDAP hätte verhindern können, haben wir einen Ausdruck der Wirkungen der politischen Praxis der NSDAP und das Ergebnis der Lähmung und Zersetzung der Gegner durch das Massenbewegungssystem der NSDAP zu sehen. Keine einzige der gegnerischen Parteien wollte als »Systempartei« erscheinen. Um so schärfer grenzte sich jede von den übrigen ab; um so mehr betonte sie ihre Konkurrenzfähigkeit mit der NSDAP, indem sie sich auf deren ureigenstes Gebiet ziehen ließ; um so mehr suchte sie zu beweisen, daß gerade und eigentlich doch nur sie die von der NSDAP gebrandmarkten Feinde des deutschen Volkes bekämpfte.

Die Zersetzung, Verwirrung, Unsicherheit und Haltlosigkeit, von denen die Gegenseite gelähmt wurde, sind demnach als Begleiterscheinungen, als eine dazugehörige Seite des nationalsozialistischen Systems der Massenbewegung zu verstehen.

Damit erklärt es sich auch, daß weder am 30. Januar 1933 noch in den ersten auf die Übergabe der Staatsmacht an die NSDAP folgenden Wochen eine Erhebung eines Blocks oder einer größeren Einheit der Gegner der NSDAP vorgekommen ist. Die Verhinderung einer Zusammenarbeit, Übereinkunft und eines wirklichen Blocks der Gegner ist ein mindestens ebenso großer Erfolg der NSDAP gewesen wie ihre eigene Massenbildung und war ein integraler Bestandteil ihres Systems. Denn ohne diesen Erfolg wäre die NSDAP als Massenbewegung weder das geworden, was sie geworden ist, noch hätte sie die Staatsmacht ergreifen können.

Die Partei mit den vielen Gesichtern

Durch ihr System einer hierarchisch geordneten Massenbewegung vermochte die NSDAP Millionen Individuen so zusammenzuschmelzen, daß diese Massen sich wie die homogenen Teile eines Mechanismus bewegen ließen, obwohl die Lebensanschauungen und Interessen der einzelnen vorher vielfach gegensätzlich gewesen waren. Nun ist die Frage: Hatte die Anziehungskraft dieser Bewegung ihren Ursprung etwa in einer mächtigen, magnetisch wirkenden zentralen Idee, durch die jene Individuen so ergriffen wurden, daß ihnen ihre bisherigen Einzelinteressen nichts mehr bedeuteten, oder daß sie sie willig dem großen Ganzen unterordneten – oder welcher Art war die Anziehungskraft dieser Bewegung sonst?

Die Geschichte gibt uns viele Beispiele für die bezwingende Kraft eines zentralen Gedankens, der zu gegebener Zeit eine große Zahl von Menschen erleuchtet, ihr eigenes Denken über die Schranken individueller Abgeschlossenheit erhebt, es in seinen Bann zieht und sie erkennen läßt, daß sie ein Gemeinsames haben, für das sie ihr Einzelnes einsetzen oder opfern müssen. Von dieser Art sind die Erhebungen von Völkern gegen fremde Unterdrücker. So erheben sich Klassen der Gesellschaft gegen Institutionen, durch die sie zugunsten privilegierter Klassen niedergehalten werden. So schließen sich in der Stunde der Not, angesichts einer alle bedrohenden Gefahr, die Bürger einer Nation fest zusammen. Die Kunst der politischen Führung besteht gerade darin, den zentralen Gedanken herauszufinden, ihn so zu fassen, daß sich die einzelnen von seiner Bedeutung für das Wohl jedes und aller überzeugen und sich bewegen lassen, sich für die Verwirklichung dieses zentralen Gedankens einzusetzen, sei es auch um den Preis der größten persönlichen Opfer.

Ist die Anziehungskraft der NSDAP von gleicher Art? Gehört die von der NSDAP entwickelte Massenbewegung in die Reihe der eben charakterisierten historischen Beispiele? Ist ihre Anziehungskraft wesensverwandt mit dem zentralen Gedanken, von dem die Schweizer ergriffen waren, als sie für ihre Freiheit gegen die Fronvögte der Habsburger kämpften; der die Holländer beherrschte, als sie ihre Unabhängigkeit von den spanischen Fremdherren errangen; der die französischen Bürger und Bauern beseelte, als sie für die Rechte des Dritten Standes – für die Menschenrechte – auf die Barrikaden gingen; der die Arbeiterklasse und die werktätigen Bauern Rußlands erfüllte, als sie sich vom Doppeljoch des Zarismus und der kapitalistischen Ausbeutung befreiten? Kann man sagen, die von der NSDAP ausgeübte Anziehungskraft sei das dem deutschen Volkscharakter und den deutschen Verhältnissen Entsprechende zu der Wirkung der zentralen Gedanken dieser oder andrer großer Volksbewegungen?

Die Eidgenossen der Schweiz waren in ihrem Kampf gegen die fremden, von den Habsburgern eingesetzten Fronvögte von dem einen Gedanken beherrscht: Nur wenn wir unser Recht auf nationale Freiheit und Unabhängigkeit behaupten, können wir und unsere Kinder und Enkel menschenwürdig leben.
Derselbe zentrale Gedanke erfüllte die Holländer in ihrem Freiheitskampf; er hat die Spanier, die Russen, die Preußen, die Tiroler und andere Völker gegen die Heere Napoleons zu den Waffen greifen lassen. Er beseelt die Völker in unserer Zeit in ihrem Widerstand gegen die nazistische Fremdherrschaft.

Die Bürger und Bauern, die in der großen Französischen Revolution mit dem Sturm auf die Bastille den Sturm gegen das dem Volk unerträglich gewordene Regiment feudaler Adels- und Königsselbstherrlichkeit eröffneten, waren von dem Gedanken beseelt: Die Menschenrechte, Freiheit, Gleichheit, Brüderlichkeit müssen Gesetz werden, wenn wir, unsere Kinder und Enkel menschenwürdig leben wollen.

Die Arbeiter und werktätigen Bauern Rußlands, die sich aus einem Meer von Leiden und Blut erhoben, in das die unter dem verhängnisvollen Regiment zaristischer Willkür und Mißwirtschaft und kapitalistischer Ausbeutung gestürzt worden waren, erfüllte der Gedanke: Mit unserem Sieg über die Ausbeuter und Unterdrücker erkämpfen wir das gleiche Recht für alle.

Der zentrale Gedanke, der in der großen Französischen Revolution seinen Ausdruck fand, wurde zum Programm des Liberalismus in ganz Europa.

Der zentrale Gedanke, der die große sozialistische Oktoberrevolution beherrschte, ist zum Banner der Arbeiterbewegung in allen Ländern der Erde geworden.

Die zentralen Gedanken der großen nationalen und sozialen Freiheitsbewegungen fanden nicht nur ihren Widerhall in der Literatur, sondern wurden vorbereitet und begleitet durch bahnbrechende Erscheinungen auf den Gebieten der Philosophie, der Naturwissenschaften, der Ökonomie, durch künstlerische Schöpfungen. Sie kristallisierten sich gewissermaßen aus einem die ganze Gesellschaft bewegenden Prozeß. Und ungeachtet der durch die Zeit, durch die tragenden Kräfte und durch die nationalen Unterschiede bedingten Ausdrucksverschiedenheiten haben die zentralen Gedanken der großen nationalen und sozialen Freiheitsbewegungen des 18., 19. und 20. Jahrhunderts etwas gemeinsam:

> Ihre Wirkung hat ihren Usprung in der Erkenntnis der Abhängigkeit des Rechts des Individuums vom Recht der Gemeinschaft und umgekehrt des Rechts

der Gemeinschaft vom Recht des Individuums. Das Streben nach der immer vollkommeneren Verankerung des Rechts des Individuums im Recht der Gemeinschaft und des Rechts der Gemeinschaft im Recht des Individuums kennzeichnet die zentralen Gedanken der nationalen und sozialen Freiheitsbewegungen. Mehr oder weniger betont äußert sich in ihnen ferner das Streben zu einem universalen Recht.

Hat die Anziehungskraft, durch die der Nationalsozialismus zu einer Massenbewegung geworden ist, ihren Ursprung in einem entsprechenden zentralen Gedanken gehabt?

Den Gedanken, der den großen nationalen und sozialen Freiheitsbewegungen gemeinsam ist, den Gedanken des Rechts, wird man im Nationalsozialismus vergeblich suchen. Während jene Bewegungen danach strebten und streben, das Recht des Individuums, der Nation und der Menschheit zu vervollkommnen und in Übereinstimmung zu bringen, und während ihr Kampf der Beseitigung der diesem Streben entgegenstehenden Hindernisse gilt, strebte die nationalsozialistische Massenbewegung nach Macht, um das historisch gewordene und sittlich begründete Recht zu beseitigen. Im nationalsozialistischen System ist weder Platz für das Recht des Individuums noch für das Recht der Menschheit. Das Recht der Nation aber dient dem Nationalsozialismus gegebenenfalls als

Propagandaschlagwort, ein wirkliches Recht der Nation aber gibt es im System des Nationalsozialismus nicht und kann es nicht geben, wenn man in Betracht zieht, daß sowohl das Recht des Individuums als auch das der Menschheit vom Nationalsozialismus geleugnet werden.

Die Menschenrechte der großen Französischen Revolution waren und sind für den Nationalsozialismus nur ein Gegenstand, gegen den er Haß und Hohn unverhüllt äußert. Er proklamierte ihnen gegenüber das »Recht« einer sogenannten »germanischen« oder »nordischen Rasse« auf unumschränkte Herrschaft und Ausdehnung und die »Pflicht« der sogenannten minderwertigen »Rassen« zur Unterwerfung und bedingungslosen Dienstleistung.

Das Wahlrecht, das Recht auf Presse-, Versammlungs- und Redefreiheit, das Koalitionsrecht wurden von der NSDAP nur als Mittel zu ihrer schließlichen Beseitigung akzeptiert und benützt.

Das Selbstbestimmungsrecht der Nationen, ihr Recht auf staatliche Unabhängigkeit, wurden vom Nationalsozialismus nur für das sogenannte »Großdeutschland« proklamiert. Aus agitatorischen Gründen hat der Nationalsozialismus vorübergehend die sogenannte »Gleichberechtigung Deutschlands« als Schlagwort benützt. Jedoch zielte dieses Wort nicht etwa auf die Herstellung einer Brüderschaft gleichberechtigter Nationen, sondern es diente zur Bemäntelung der Aufrüstung und der Vorbereitung der territorialen Expansion. Im nationalsozialistischen System gab es niemals Raum für den Begriff des gleichen Rechts für alle oder überhaupt für andere Nationen. Es hat im Gegenteil stets nur den zur Irreführung als Rechtsanspruch verkleideten Macht- und Vorherrschaftsanspruch des nationalsozialistischen Staats proklamiert. Der Nationalsozialismus bestreitet einer Anzahl von Nationen überhaupt das elementare Lebensrecht.

Der Satz: »Recht ist, was uns nützt!« kennzeichnet an und für sich den im Wesen begründeten Gegensatz zwischen der Massenbewegung der NSDAP und den nationalen und sozialen Freiheitsbewegungen, die vorher charakterisiert worden sind. (Auf jenen Satz wird später noch ausführlich eingegangen werden.) Selbst die allerprimitivsten, rückständigsten nationalen Bewegungen stehen, insofern sie den universalen Begriff des Rechts akzeptieren und als Maßstab anerkennen, auf einem völlig anderen Niveau als die Bewegung der NSDAP.

Kann es aber – wenn der Gedanke des Rechts, der positive Ausdruck der Freiheit, geradezu verworfen wird – einen anderen zentralen Gedanken geben, der eine entsprechende Anziehungskraft auszuüben vermöchte? Oder kann man annehmen, daß die Millionenbewegung des Nationalsozialismus zustande gekommen ist und sich entwickelt hat unter rein negativem Vorzeichen? Beide Fragen müssen verneinend beantwortet werden. Niemand wird imstande sein, einen zentralen Gedanken ausfindig zu machen, der keinerlei Elemente des Rechts enthält, sich ausdrücklich gegen jedes wirkliche Recht richtet und sich dennoch als der Ursprung und die stets sich erneuernde Quelle einer unwiderstehlichen Anziehungskraft auf viele Millionen Menschen erwiese. Niemand wird den Nachweis zu führen vermögen, daß sich viele Millionen Menschen freiwillig in Bewegung setzen, nur um zu vernichten und zu zerstören.

Es gibt nur eine Erklärung: Die Millionen Individuen, die sich der nationalsozialistischen Bewegung anschlossen und von ihr zu einer kompakten Masse um- und zusammengeschmolzen wurden, sind nicht von einem zentralen Gedanken angezogen und beseelt worden, sondern wurden auf eine besondere Weise durch das von der NSDAP ins Leben gesetzte System einer hierarchisch geordneten Massenbewegung erfaßt und festgehalten. Eine systematisch angelegte Massenwerbung gehörte zu diesem System. Jeder Einzelne wurde mittels einer vom Apparat der NSDAP bewußt hervorgerufenen Täuschung zu ihrem Objekt.

Das System der NSDAP (das schon an anderer Stelle charakterisiert worden ist) wurde auf der Grundlage eines eingehenden Studiums der Verhältnisse und des Zustands der Bevölkerung ausgearbeitet. Diese Bewegung entstand nicht auf dem Wege des elementaren Prozesses (bei dem sich der zentrale Gedanke aus den von den Individuen erkannten Notwendigkeiten und den mit ihnen in Einklang gebrachten Einzelforderungen und -wünschen herauskristallisiert), sondern es wurde umgekehrt ein anpassungsfähiges System entworfen und ausgearbeitet, dessen Wirkungen auf die der Bearbeitung zum Zwecke der Gewinnung ausgesetzten Individuen genau berechnet wurden. Dieses System sollte so wirken, daß niemand ganz klar und genau sagen konnte, was die NSDAP anstrebte, doch auch wiederum so, daß alle meinen konnten, gerade ihre speziellen Interessen seien es, die diese Bewegung wahre und fördere, und gerade sie hätten Aussicht auf Erfüllung ihrer Wünsche. Das System war aus teilweise gegensätzlichen Bestandteilen zusammengesetzt.

Der Name der Partei bietet ein Beispiel für die berechnende Art, in der das System zur Massenwerbung und Massenzusammenballung angelegt war. Der Name »National-Sozialistische Deutsche Arbeiter-Partei« sollte den Eindruck eines scharf umrissenen, den Forderungen der Zeit entsprechenden Programms machen. Es sollte den Eindruck hervorrufen, als sei dieser Partei die Synthese der vorher einander in schärfster Gegnerschaft gegenüberstehenden Ideenströmungen gelungen.

Das »National« an der Spitze des Parteinamens appellierte an alle, die seit dem mit Deutschlands Niederlage beendeten Krieg die offene oder versteckte Feindschaft gegen die für einen friedlichen Aufbau sich einsetzenden politischen Richtungen als Kennzeichen nationalen Bewußtseins betrachteten. Das »National« beschlagnahmte den

Begriff der Nation für diese eine Partei und machte ihn zum innenpolitischen Kampfobjekt. Die Partei suchte sich durch dieses »National« als die Bewahrerin und Fortsetzerin der nationalen Interessen und Traditionen in Erscheinung zu setzen. Wer als »national« gelten wollte, mußte es mit dieser Partei halten.

Der Parteiname bezeichnete die Partei jedoch nicht nur als »National«, sondern auch als »Sozialistische«. Die Wortzusammenstellung »National-Sozialistische« erwies sich in der Periode des Kampfes um die Staatsmacht ebenso wie später in der Zeit, in der die Partei mit Hilfe der Regierungsmacht das ganze Volk dirigierte, als ganz besonders wirkungsvoll. Das »Sozialistische« war in den Jahren, in denen die kapitalistische Gesellschaftsordnung außerordentlich diskreditiert war und in denen die Verwirklichung einer sozialistischen Gesellschaftsordnung von großen Teilen des Volkes ersehnt wurde, ein zugkräftiges Wort. In dem Maße, in dem die Arbeiterbewegung mit der Verantwortung für die zunehmenden Schwierigkeiten der Nachkriegsjahre belastet erschien oder in dem sie doch wenigstens als unfähig zur Überwindung dieser Schwierigkeiten vor den Augen vieler stand, vermochte das »Sozialistische« im Parteinamen der NSDAP immer wirkungsvoller diejenigen Bevölkerungskreise zu irritieren, die mehr oder weniger fest auf die Arbeiterbewegung vertraut hatten. Durch das »Sozialistische« machte die NSDAP der Arbeiterbewegung deren sozialistischen Charakter streitig. Das »National-Sozialistische« proklamierte einen neuen »Sozialismus« an Stelle des »Marxismus«, den die NSDAP mit außergewöhnlicher Energie als verfälschten, »verjudeten« Sozialismus zu diskreditieren suchte. Dieser neue »Sozialismus«, der als »Nationalsozialismus« oder »Deutscher Sozialismus« ausgegeben wurde, wurde je nach Bedarf speziell für das Arbeiterpublikum, den Mittelstand (im umfassendsten Sinne), das Militär, die Unternehmer hergerichtet und beleuchtet und war unmöglich in klare Begriffe zu fassen. Von einem geregelten Familienleben bis zur intimsten Zusammenarbeit eines Ministers mit Großkapitalisten konnte alles als »Deutscher Sozialismus« ausgegeben werden. Diese weitherzige Anwendung des Begriffs »Sozialismus« fiel in Deutschland bei den aus dem Bürgertum hervorgegangenen Bevölkerungskreisen auf um so günstigeren Boden, als im Kampf gegen die Arbeiterbewegung schon im 19. Jahrhundert zahlreiche reaktionäre Ideologen den »Deutschen« oder »Wahren Sozialismus« gegen den in ihren Augen rohen und gemeinen Kommunismus und Sozialismus der Arbeiterbewegung auszuspielen gesucht hatten. Schon damals waren Altersversicherungen, Krankenunterstützungskassen, staatliche Monopolunternehmen – wie die Eisenbahn, die Post – und die Pflege eines »patriarchalischen« Verhältnisses zwischen Arbeitern und Unternehmern als »Deutscher Sozialismus« ausgegeben worden. Man hatte eine ganze Legende um das angeblich »Sozialistische« im Wesen des preußischen Staates und in der Geschichte der Hohenzollern gesponnen. Auf solche günstigen Voraussetzungen konnte die NSDAP bei ihrer modernisierten Verfälschung des Begriffes Sozialismus zurückgreifen. (Daß diese Fälschung im Großen nur wirksam werden konnte, weil die sozialistische Arbeiterbewegung ihre Aufgabe nicht erfüllte, sei hier nur erwähnt; das Problem wird an anderer Stelle ausführlich behandelt werden.)

Daß der Parteiname das »Deutsche«, außer dem »National« und dem »Sozialistische«, noch besonders betonte, sollte sowohl den Geltungsbereich und Anspruch der Partei als Geltung über die damaligen Reichsgrenzen hinaus manifestieren – sie also nochmals besonders als Partei der Deutschen kennzeichnen –, als auch die günstige Wirkung, die seinerzeit Wilhelms II. Wort: »Ich kenne keine Parteien mehr. Ich kenne nur noch Deutsche« hatte, nun an diese Partei knüpfen. Das »Deutsche« sollte aber auch das folgende Wort im Parteinamen in einen speziellen Zusammenhang setzen, es sollte das folgende Wort im Gleichgewicht halten.

Auf diesem Wort »Arbeiter« lag von Anfang an eine besondere Betonung. Es sollte zeigen, daß die Partei nicht irgendeine von vielen bürgerlichen Parteien, nicht irgendwelche Wahlpartei sei, sondern eine »Arbeiter-Partei«. Mit diesem »Arbeiter« wurde nicht nur noch einmal unterstrichen, was schon durch das »Sozialistische« gesagt worden war, es wurde nicht nur noch einmal der sozialistischen Arbeiterbewegung ihre Mission streitig gemacht, sondern es wurde damit umgekehrt auch den Millionen aus ihrer herkömmlichen Bahn geschleuderten und ihrer

an den Traum vom siegreichen Krieg geknüpften Hoffnungen beraubten Individuen ein »Ehrenname« verliehen, der dem des »Soldaten« entsprechen sollte. Mit dem stereotypen: »Arbeiter der Stirn und der Faust!«, das die Anrede auf unzähligen Plakaten und Flugblättern der NSDAP bildete, wandte sie sich nicht nur an die Schichten, die sich bewußt als Arbeiter fühlten, sondern wollte sie auch jene haltlosen Individuen, die nicht mehr wußten, wohin sie eigentlich gehörten, daran gewöhnen, sich als »Arbeiter«, als »Deutsche Arbeiter«, natürlich zum Unterschied von den vaterlandslosen internationalen Arbeitern, zu bezeichnen. Und sie gewöhnten sich bald daran, sich als »die eigentlichen Arbeiter« zu betrachten. Durch das: »Sind wir nicht alle Arbeiter?« sollte dem klassenbewußten Arbeiter eine Waffe aus der Hand geschlagen werden. Auf zahlenmäßig nicht zu unterschätzende Schichten primitiver Arbeiter (gewisse Landarbeiterschichten, Teile der in der Chemie, im Bergbau und in der Hüttenindustrie beschäftigten – aber durch Wohnort und Familie in der Landwirtschaft verwurzelten Arbeiter) und auf viele in staatlichen Diensten beschäftigte Arbeiter, übte das »Arbeiter« im Parteinamen insofern eine anziehende Wirkung aus, als sie sahen, daß eine Partei, die die »Roten« so bekämpfte wie die NSDAP, sich geradezu »Arbeiter-Partei« nannte, die »Arbeiter« sie also nicht genierten.
Daß die NSDAP sich eine »Partei« nannte, geschah nicht nur aus technischen Gründen. Sie, die am schärfsten gegen das Parteiwesen überhaupt auftrat und ihrem eigenen Wesen nach kaum als eine politische Partei im eigentli-

chen Sinne des Wortes anzusprechen war, wollte auch den Begriff Partei monopolistisch ausnützen und nicht zulassen, daß eine andere Organisation neben ihr den Anspruch auf Parteirechte geltend machte.
Was mit dieser knappen und keineswegs erschöpfenden Analyse des Namens der NSDAP zum Ausdruck gebracht werden sollte, ist: Schon im Namen der Partei kommt das Charakteristische ihres Massenbewegungssystems zum Ausdruck. Die Bestandteile des berechnend zusammengesetzten Namens sollten sowohl eine spezielle Anziehungskraft auf die für den einen oder den anderen Teil besonders empfänglichen Elemente und Kreise der Bevölkerung ausüben, als auch zugleich in der Zusammensetzung die übrigen Elemente und Kreise der Bevölkerung, die den einen oder anderen Teil des Begriffs an und für sich nicht akzeptieren würden, der NSDAP zugänglich machen.
Der Name ist aber nur ein Teilchen im gesamten System. Er muß im Zusammenhang mit den äußeren Kennzeichen der Partei (den Emblemen, Uniformen, Grußformen, Titeln u. v. a. m.) gesehen werden. Durch all dies sollte die Partei überall und ständig in Erscheinung treten; sie sollte als allgegenwärtig wirken. Sie sollte dem einzelnen als ein gewaltiger Apparat erscheinen, dessen Macht und Präzision unwiderstehlich und unstörbar seien; sie sollte als allmächtig und unfehlbar wirken. Sie sollte im einzelnen auch das direkte Verlangen erwecken, Teilnehmer einer solchen eindrucksvollen Organisation zu sein und in ihr durch Ämter, Machtbefugnisse und die dazu gehöri-

gen äußeren Kennzeichen, Ehrenbezeugungen und eventuell materielle Vorteile ausgezeichnet zu werden.
Weit davon entfernt, durch ihr brutal zum Ausdruck gebrachtes »Führerprinzip« breite Massen abzustoßen, hat die NSDAP durch dieses Prinzip vielmehr zahlreiche Anhänger gewonnen. Das war nur möglich, weil das Führerprinzip nicht isoliert und nicht nur im Hinblick auf Hitlers Person verkündet wurde, sondern sich im ganzen Mechanismus der Massenbewegung der NSDAP ständig praktisch wiederholte. Viele hatten die Möglichkeit vor Augen, selbst »Führer« zu werden und durch Beförderung emporzusteigen. Von der Unumschränktheit und Unverantwortlichkeit des an der Spitze stehenden Führers Hitler fiel ja sichtbar ein Abglanz auf die von ihm Beauftragten; die Möglichkeit, daß der jeweilige einzelne sich eines Tages unter dieser Führerhierarchie befinden könnte, wurde jedem lockend vor Augen gestellt. »Führer« im weitesten Sinne dünkte sich und sollte sich jedes Mitglied der NSDAP dünken gegenüber der Bevölkerung im allgemeinen – im Häuserblock, in der Werkstatt, auf dem Gutshof, in der Kirchenversammlung, in der Schule, in der Familie. Schon die Mitgliedschaft in der NSDAP berechtigte demnach zu Führerpositionen im Kreise der Bevölkerung, für die es anders gar kein Gegenstück gab. Denn ohne die NSDAP konnte der einzelne in den genannten Kreisen wohl durch seine sachlichen Qualifikationen zu Einfluß oder Leitung gelangen, aber einmal war dies ein beschwerlicher, vielfach gar ein verschlossener Weg, zum anderen waren Einfluß und Leitung, auf

diesem Weg erlangt, nicht zu vergleichen mit der Machtfülle und Machtvollkommenheit, zu der die Zugehörigkeit zur NSDAP berechtigen konnte. Diese ganz eigenartige Anziehungskraft, die der Mechanismus ausübte, wurde enorm vervielfacht, seit die NSDAP einen staatlichen Machtapparat aufrichten konnte. (Davon wird noch später und im Zusammenhang zu handeln sein.) Es vollzog sich dabei eine spezielle »Auslese« – um ein von der nationalsozialistischen Rassenlehre gern angewandtes Wort zu gebrauchen. Die Vereinigung von Plebejertum und Aristokratismus (um zwei naheliegende Begriffe sinnbildlich anzuwenden), die diesem »Führerprinzip« eigen war, machte einen großen Teil seiner Anziehungskraft aus. Wenn sich die Demokratie, die von der NSDAP als Totengräber Deutschlands bezeichnet wurde, selbst abwirtschaftete und von der nationalsozialistischen Massenbewegung überwunden wurde, so war naheliegend, auf ein System zu setzen, das sich als eine Synthese des konsequentesten Führerprinzips und der breitesten Volksbewegung vorstellte. Der »Mann aus dem Volke« hatte offensichtlich Aufstiegschancen in der NSDAP. Die um die Person Hitlers gewobene Legende sollte nicht zuletzt gerade diesen Eindruck hervorrufen, wie sie natürlich auch das Vertrauen zu dieser Partei festigen sollte, weil ein so energischer Mann, der so viel durchgemacht und alles von unten auf kennengelernt habe, die Gewähr für eine richtige und dem einzelnen nützliche Politik gäbe. Dem einen erschien die hierarchische Ordnung und Disziplin als Gewähr dafür, daß die Interessen »des Volkes« nie zu kurz

kommen könnten, weil die Hierarchie unzugänglich für die Beeinflussung durch Namen und Titel oder Geld und Position von außen sei. Dem anderen erschien die hierarchische Ordnung und Disziplin als Gewähr dafür, daß »der Pöbel« stets in Bann und in Schach gehalten würde, weil die Hierarchie in sich unerschütterlich sei.
Die »Volksgemeinschaft«, die von der NSDAP zu begründen versprochen wurde, und die sie vorgab, schon in ihrer Kampfzeit zu verkörpern, kam demnach auf dem Umweg über eine Täuschung zustande. Der Begriff der »Volksgemeinschaft« war von Anfang an ein sehr breit angewandtes Schlagwort und spielte stets eine wesentliche Rolle im Massenwerbesystem der NSDAP. »Volksgemeinschaft« gab den von der Hatz, vom Durcheinander und Gegeneinander des Alltagslebens Ermüdeten und Zerriebenen eine Zuflucht. »Volksgemeinschaft« war ungleich anheimelnder und wohltuender als Klassenkampf. »Volksgemeinschaft« bot aber auch die Gewähr, daß sich nicht »die Großen« über »das Volk« erheben könnten; viele lasen in dies Wort so etwas wie »Gleichheit« hinein. »Volksgemeinschaft« war umgekehrt für die Unternehmer eine Art von Versicherung gegen Streiks und gefährliche Agitation.
Den Klassenkampf als Waffe der Arbeiterschaft verwarf die NSDAP entschieden. Aber sie tat es nicht, indem sie sich einfach auf den Standpunkt der Unternehmer stellte. Sie gab vielmehr in historischen Betrachtungen zu verstehen, daß die Unternehmer früher selbst nicht die richtige Haltung den Arbeitern gegenüber eingenommen hätten

und dadurch sich selbst als mitverantwortlich für die Ausbreitung der von »den Juden« erfundenen und in die Arbeiterbewegung eingeführten Klassenkampf-Theorien betrachten müßten. Während die NSDAP auf einen Zustand hinarbeitete, jede Streikbewegung, jede kollektive Forderung auf kollektive Regelung der Lohn- und Arbeitsbedingungen, jede Klassenorganisation der Arbeiter, jede Aufklärung der Arbeiterschaft über die Entwicklung von Klassen und über den Weg zur Überwindung der Klassenherrschaft durch den Sieg der Arbeiterklasse unmöglich zu machen, und während sie insgeheim intensiv um die Vollmachten der kleinen Gruppe von ausschlaggebenden Männern der Industrie und des Finanzwesens warb, verschmähte sie es doch nicht, die vulgäre Agitation durch die Aufstachelung von Neidinstinkten zu beleben. Ihre Agitation gegen die »hauchdünne Oberschicht« und die »feinen Herren« hatte gewiß nichts mit der von der marxistischen Arbeiterbewegung betriebenen Aufklärung mit dem Ziele des Klassenbewußtseins der Arbeiterschaft zu tun, aber sie bezweckte unbestreitbar die Ausnützung sogenannter »Klasseninstinkte« für die Zwecke der NSDAP. Die NSDAP konnte in den Jahren vor 1933 nicht daran denken, den allgemeinen freien Gewerkschaften etwa nationalsozialistisch orientierte Splitterorganisationen entgegenzusetzen. Aber durch ihre allgemeine Agitation und mit Hilfe ihrer Betriebszellenorganisation trieb sie systematisch die Unzufriedenheit, die sich in der Arbeiterschaft gegenüber der Politik der Gewerkschaftsleitungen geltend machte, in eine bestimmte Richtung.

Zur Lähmung, Desorientierung und Zersetzung der ehemals von den freien Gewerkschaften beeinflußten Mehrheit der Arbeiterschaft hat diese Seite der Tätigkeit der NSDAP viel beigetragen. Das gleiche gilt von der systematischen Ausnützung aller Korruptionsfälle durch die Agitation der NSDAP zur Belastung der Demokratie. Demokratie wurde gleichgesetzt mit Korruption, um eine allgemeine Stimmung von der Art zu erzielen: Die wollen sich bloß alle auf unsere Kosten bereichern! – Schließlich seien in diesem Zusammenhang kurz die Streiks erwähnt, die 1932 – während der Zeit der Regierung Papen – eintraten; die örtlichen und bezirklichen Organisationen der NSDAP beteiligten sich an mehreren. Bekannt geworden ist vor allem die Teilnahme der NSDAP-Mitglieder am Streik der BVG-Arbeiter. Die Teilnahme der NSDAP an diesen Streiks bezweckte teils die Verstärkung des Drucks auf die Regierung Papen, auf Hindenburg und die sie stützenden Kreise, um sie der NSDAP gefügig zu machen; teils diente sie der Vertiefung der Spaltung in der Arbeiterbewegung und der Schaffung einer für die NSDAP günstigeren Atmosphäre in der Arbeiterschaft. In unserem Zusammenhang hier sind diese Aktionen der NSDAP anmerkenswert, weil sie zeigen, wie unbeschwert von Prinzipien diese Partei ihr System zur Massenwerbung und Massenzusammenballung tätig erhielt.

So wenig vollständig diese skizzenhafte Darstellung der werbenden Seiten des nationalsozialistischen Systems ist, wird sie doch hinreichend sein, um verständlich zu machen, daß dieses ganze System auf der Berechnung beruhte, durch seine vielen und jeweils besonders in den Vordergrund gerückten und beleuchteten Bestandteile Individuen mit sehr verschiedenen, ja gegensätzlichen Interessen und Anschauungen an sich zu fesseln. Nicht ein aus den Forderungen der Zeit geborener zentraler Gedanke verlieh der NSDAP magnetische Anziehungskraft, sondern ein berechnend zusammengestelltes System erfaßte die einzelnen und machte sie zu Bestandteilen der nationalsozialistischen Massenbewegung. Die einzelnen Bestandteile des Systems hätten, jeder für sich, nie die Wirkung erzielen können, wie sie sie, aufeinander abgestimmt, als Ganzes erzielt haben. Beispielsweise wäre die SA (Sturm-Abteilungen oder Sport-Abteilungen; die zweite Variante wurde zur Aufrechterhaltung der Legalität nach außen angewendet) an und für sich ein militaristischer Verband von der Art des Stahlhelms oder so vieler anderer geworden, wenn sie nicht Träger ganz besonderer Aufgaben innerhalb des Gesamtsystems und eben ein Teil von diesem gewesen wäre. Die NSDAP ohne SA wäre eine obskure politische Vereinigung von älteren Mittelständlern geworden. Der Antisemitismus, der bedeutend älter ist als die NSDAP, hätte an und für sich nicht ausgereicht, um eine Massenbewegung mit der niederwalzenden Kraft zu schaffen, wie sie der NSDAP eigen war; ohne das gesamte, den Antisemitismus aktualisierende und in eine Antriebskraft verwandelnde System der NSDAP hätte er sich mit einem Dasein in den Vereinszimmern völkischer Sekten begnügen müssen. Die Agitationen der NSDAP ohne den speziell zubereiteten

Antisemitismus hätte nie die Aggressivität annehmen können, durch die sie ihre Überlegenheit über den als Fremdkörper, Parasiten am Volkskörper bloßgestellten Gegner erzielte. Das Hakenkreuz war ein von zahlreichen reaktionär-militaristischen Verbänden zur Schau getragenes Zeichen; erst durch seine Placierung in der roten Fahne wurde es zu dem ins Auge fallenden und sich überall bemerkbar machenden Symbol.

Von verschiedenen Seiten ist angemerkt worden, welche Bedeutung die NSDAP seit jeher Äußerlichkeiten beigelegt hat. Man hat oft belustigt darauf hingewiesen, daß sich Hitler unter großem Zeitaufwand mit dem Entwerfen einer Uniform oder einer Standarte beschäftigte. Die Versuche, nationalsozialistische Parteiorganisationen oder verwandte Organisationen in anderen Ländern einzuführen, waren in der Regel mit der Verpflanzung all jener äußeren Kennzeichen verbunden. Wem die Bedeutung dieser vielen Äußerlichkeiten als der Bestandteile des Massenbewegungssystems klargeworden ist, dem wird auch klar sein, daß sie eben zum Wesentlichen dieser Bewegung gehören.

Wenn sich also ausländische Trabanten der NSDAP vor die Aufgabe gestellt sahen, in ihren respektiven Ländern ähnliche Organisationen aufzubauen, so ist nicht verwunderlich, daß sie vom deutschen Vorbild all das zu übernehmen trachteten, was zu dessen Erfolg beigetragen hatte, ja, was schlechthin dies Vorbild verkörperte. Verwunderlich ist aber, daß sie nicht begriffen, daß dies System bestimmter Bedingungen bedarf, um wirkungsvoll zu sein, daß

also eine einfache Verpflanzung nicht ohne weiteres zu den gleichen Wirkungen führt, wie sie das System in Deutschland zeitigte.
Die Äußerlichkeiten gehören zum Wesen der NSDAP. Sie sind nicht zufällige Begleiterscheinungen, sondern auf ihnen und aus ihnen ist das System der NSDAP errichtet. Das System der NSDAP ermöglichte durch das Zusammenspiel zahlreicher Faktoren die Erfassung von Millionen Menschen und ihre Zusammenballung zu fanatisierten Massen, weil es den einzelnen in den Glauben versetzte, gerade seine Wünsche fänden darin Erfüllung.
Der Beamte, der seine Sonderstellung gefährdet meinte und sich bei Beförderungen und Gehaltszulagen ungenügend berücksichtigt fühlte, sah in der straff organisierten und weit verzweigten NSDAP eine Macht, mit der man rechnen müsse, und die dem Beamten, der ihr im Kampf um die Macht gedient hatte, Aufstiegsmöglichkeiten bieten würde. Deshalb schloß er sich ihr an.
Der Geschäftsmann, der mit der Entwicklung seines Unternehmens nicht zufrieden war und die Ursachen dafür nicht selten darin sah, daß der Staat zuviel Geld für die Beamten ausgab, statt den Geschäftsleuten Entwicklungsmöglichkeiten zu schaffen, die ihn doch durch ihre Steuerleistungen zahlungsfähig erhielten, sah in der NSDAP die Kraft, die mit der Beamtenwirtschaft aufräumen und dem Geschäftsmann, der sie unterstützt hatte, möglichst viele Konkurrenten vom Halse schaffen würde. Deshalb schloß er sich ihr an.
Der entwurzelte Berufssoldat, der die Stammannschaft der

NSDAP bildete, erwartete, daß seine Partei mit dem »ganzen Schwindel« aufräumen würde, und er meinte, daß sowohl die Beamten – die immer ihr sicheres Einkommen hatten –, als auch die Geschäftsleute – die verdient hatten, während andere ihre Haut zu Markte trugen –, zu Paaren getrieben und ein eisernes militärisches Regiment über sie errichtet würde. Weil er glaubte, daß damit seine Zeit kommen würde, hielt er an der NSDAP fest.
Der Handwerksmeister, der sich außerstande sah, mit den zu niedrigeren Preisen liefernden Großunternehmen zu konkurrieren, glaubte, die NSDAP würde ihm lohnende Aufträge und eine bevorzugte Stellung gegenüber den großen Unternehmen verschaffen. Deshalb schloß er sich ihr an.
Der Industrielle, der seine unumschränkte Herrenstellung im Betrieb durch die Sozialgesetzgebung gefährdet glaubte, erwartete von der NSDAP, daß sie ihm völlig freie Hände gegenüber den Arbeitern schaffen würde. Weil er ferner hoffte, Steuer-, Liefer-, Export- und Bezugsbedingungen würden sich für ihn unter Vorzug regeln lassen, und er würde eine Sonderstellung gegenüber seinen Konkurrenten erhalten, wenn die von ihm unterstützte NSDAP zur Macht käme, schloß er sich ihr an.
Der Kleinhändler sah seine Existenz durch die Warenhäuser und durch den von der Industrie selbst veranstalteten Einzelhandel bedroht. Er meinte, die NSDAP würde ihn von dieser Konkurrenz befreien, weil sie die »Warenhausjuden« und das anonyme Kapital in ihrer Agitation oft scharf angriff. Deshalb schloß er sich ihr an.

Der Ingenieur, der seine Leistungen ungenügend bewertet glaubte und nach einer Stütze suchte, die ihm sowohl gegenüber dem Unternehmer als auch gegenüber der organisierten Arbeiterschaft Halt geben sollte, meinte, die NSDAP werde ihm politisch, sozial und beruflich zu der Leiterstellung verhelfen, die ihm zukomme. Deshalb schloß er sich ihr an.

Der Pensionär, dessen Einkommen infolge der Geldentwertung das Existenzminimum unterschritt, meinte, die öffentlichen Mittel würden vergeudet und z. B. durch eine zu weitgehende Sozialpolitik gegenüber Erwerbslosen erschöpft, während ihm und seinesgleichen die gebührende Hilfe versagt werde. Von der NSDAP erwartete er die durchgreifende Änderung und schloß sich ihr deshalb an.

Der Erwerbslose, dessen wiederholte Versuche zum Aufbau einer Existenzmöglichkeit gescheitert waren, sah in der NSDAP die Macht, die mit dem »aufgeschwemmten Bonzen- und Beamtenapparat« aufräumen und ihm eine Existenz geben würde. Deshalb setzte er sich für ihren Sieg ein.

Der Heimarbeiter sah sich durch die Konkurrenz der Großbetriebe zur dauernden Erwerbslosigkeit oder zu einer Arbeit verurteilt, die ein weit unter dem Existenzminimum liegendes Einkommen einbrachte. Er hörte von der NSDAP scharfe Worte gegen die von den »Systemparteien« begünstigte Konkurrenz ausländischer Firmen und sah in dieser Partei eine Schützerin der kleinen Leute. Deshalb schloß er sich ihr an.

Der Landarbeiter glaubte, die NSDAP werde die Verbesserung seiner Lebensbedingungen herbeiführen, die er von der Revolution 1918 nicht erhalten hatte. Deshalb schloß er sich ihr an.

Der Großagrarier erwartete von der NSDAP die Beseitigung der Gefahr weiterer sozialer Reformen und freie Hand zur Wiedereinführung der »patriarachalischen« Verhältnisse auf den Gutshöfen. Deshalb förderte er die NSDAP.

Der evangelisch-lutherische Geistliche hoffte, die NSDAP werde seine Kirche zum Zentrum der Erziehung und des Kultus machen. Deshalb trat er für diese Partei ein.

Der antisemitische Sektierer erhoffte von der NSDAP die Beseitigung jeder Einmischung der Kirchen in die Erziehung und die obligatorische Verbreitung einer rassistischen antichristlichen Weltanschauung. Deshalb schloß er sich dieser Partei an.

Das waren einige Beispiel dafür, wie die NSDAP auf die Träger gegensätzlicher Interessen gleichzeitig und gleichmäßig anziehend wirkte, weil jeder meinte, seine speziellen Interessen fänden in dieser Partei die beste Förderung.

Dadurch, daß die Massenbewegung der NSDAP unmittelbar gewisse materielle Vorteile für Geschäftsleute mit sich brachte und der Konkurrenzkampf von Unternehmern und Geschäftsinhabern in den lokalen Kampf dieser Bewegung einging, hatte ein zahlenmäßig nicht unerheblicher Teil dieser Schichten ökonomischen Nutzen schon vor der Machteroberung. Die Dynamik der Massenbewegung selbst gab schließlich einem erheblichen Teil

der Teilnehmer eine gewisse Befriedigung, weil die fortlaufende Beschäftigung und die persönlichen und lokalen Erfolge wie Vorschußzahlungen wirkten.
Wesentlich an diesen Hinweisen ist, daß sie deutlich machen:

> Das Massenbewegungssystem der NSDAP erfaßte die einzelnen an den verschiedenartigsten Stellen. Es bestärkte sie in ihrem Glauben, im Konkurrenzkampf böswillig und bewußt benachteiligt worden zu sein und gab ihnen die Hoffnung, durch die NSDAP Genugtuung zu bekommen.

Die NSDAP zog – wie gezeigt worden ist – Massen an sich heran, indem sie eine bis ins mindeste Detail ausgearbeitete Präzision ihres Organisationsapparates mit der mitreißenden Wucht ständigen Einsatzes und mit einer unbestimmbaren politischen Vielgesichtigkeit zu vereinigen verstand. Sie war aber die Partei mit den vielen Gesichtern nicht nur gegenüber denen, die sie an sich heranziehen und zu ihrem Bestandteil machen wollte, sondern auch gegenüber einem Teil der Bourgeoisie und des Adels, der sich ihrer als Hilfskraft bedienen wollte.
Der in der Industrie und im adligen Großagrariertum verankerte politische Kreis um Hugenberg hatte, unter schärfster Bekämpfung und Ausschaltung aller widerstrebenden Kräfte, die Deutschnationale Volkspartei auf die systematische Förderung der NSDAP festgelegt. Dieser Kreis meinte, die NSDAP sollte die Arbeiterbewegung aus dem Felde schlagen und innerhalb einer sogenannten nationalen Regierung die Funktion der Massenberuhi-

gung ausüben, während die ökonomischen Ressorts von Politikern aus dem Kreis Hugenbergs besetzt werden sollten. Obwohl die NSDAP oft und vernehmbar genug ihren Totalitätsanspruch erhoben hatte, glaubten jene Politiker, genügend Anhaltspunkte dafür zu haben, daß die Partei sich letzten Endes mit einer zweitrangigen Rolle begnügen und sich mit der Deutschnationalen Partei in die Macht teilen würde.

Ein Kreis von Reichswehrgeneralen um General von Schleicher sah in der NSDAP die möglicherweise als soziale Massenbasis für eine Herrschaft des Militärs brauchbare Bewegung und versuchte zunächst mit Hitler, dann mit Gregor Strasser zu einem entsprechenden Übereinkommen zu gelangen.

Einige Abkommen des Hauses Hohenzollern glaubten, die NSDAP wolle die Massenbewegung stellen, die den Hohenzollern wieder zur Macht verhelfen würde. In Wirklichkeit wurden umgekehrt sie von der NSDAP ausgenützt.

Ein einflußreicher Kreis von Politikern in der katholischen Zentrumspartei sah, ungeachtet des scharfen Kampfes der NSDAP gegen das Zentrum, die NSDAP als bereit und fähig an, mit der Zentrumspartei auf der Grundlage eines Vertrages die Herrschaft zu teilen, respektive dem Zentrum auf einem vertraglich abgegrenzten Gebiet gewisse Rechte zuzugestehen.

Es könnte eingewandt werden, daß solche politischen Fehlkalkulationen politischer Konkurrenten nichts im Hinblick auf den Charakter der NSDAP bedeuten. Aber hier handelte es sich in der Tat um Fehlkalkulationen, die der Vielzüngigkeit oder Vielgesichtigkeit dieser Partei entsprangen. Es gehörte ins System der NSDAP, politische Konkurrenten auf diese Weise zu täuschen, um sie sich erst selbst zersetzen zu lassen und sie schließlich mühelos aufzureiben.

Daß auch die Lähmung der sozialistischen Arbeiterbewegung zu einem Teil dadurch zu erklären ist, daß sich die Arbeiterbewegung durch die NSDAP täuschen und irritieren ließ, soll nicht zur Verringerung der Schuld der Arbeiterbewegung gesagt werden. Aber die Charakteristik der NSDAP wäre unvollständig, wenn diese Seite ihrer Wirksamkeit unberührt bliebe.

Einer der autoritativsten Leiter der Sozialdemokratischen Partei Deutschlands, Otto Braun, kam nach seiner eigenen Feststellung 1932 zu der Auffassung, daß die NSDAP an die Regierung gelassen werden müsse, und daß es nur darauf ankäme, sie zur Anerkennung ihrer verfassungsmäßigen Pflichten zu bewegen. Sie würde sich dann bald durch die Alltagspraxis als Regierungspartei verbraucht und ihre Überlegenheit über die anderen Parteien eingebüßt haben, meinte Braun. Diese Auffassung Brauns, die von anderen sozialdemokratischen Politikern geteilt wurde, hat nicht unwesentlich dazu beigetragen, die Bereitschaft zum Widerstand gegen die nationalsozialistische Machtergreifung zu untergraben.

In einem Kreis von Gewerkschaftsführern um Graßmann in der Spitze des Allgemeinen Deutschen Gewerkschaftsbundes herrschte die Auffassung, man könnte mit der

NSDAP gemeinsam regieren. Der Versuch einer Kombination Graßmann-Gregor Strasser-Schleicher war nur ein Ausdruck einer Tendenz, die sich in der Gewerkschaftsführung starken Einfluß gesichert hatte.

Es wäre kurzsichtig, alle diese hier nur knapp angedeuteten groben politischen Irrtümer, denen Politiker verschiedener Richtungen unterlegen sind, einfach damit zu erklären, daß sie eben alle unfähig und unbegabt zur Ausübung einer großen politischen Aufgabe waren, oder anzunehmen, daß sie bestochen waren. Die politischen Schwächen dieser Leute sind unbestreitbar, aber damit, daß sie festgestellt werden, ist noch nichts erklärt. Grobe materielle Bestechlichkeit mag als Hilfsmittel der NSDAP eine noch so große Rolle gespielt haben, doch sie kann nicht alle vorgenannten Fälle erklären. In dem oft gebrauchten Hinweis auf die Furcht, die alle diese Kreise vor dem Gespenst Bolschewismus gehabt haben, und die sie in der NSDAP eine Art Hilfe oder kleineres Übel sehen ließen, steckt allerdings ein wahrer Kern. Doch indem wir das erkennen, sind wir ja schon dabei, die Auswirkung einer von der NSDAP bewußt angelegten [...]* zu konstatieren. Gehen wir einen Schritt weiter, erkennen wir, daß eben auch andere Bestandteile des Systems der NSDAP, ja, daß eben die Vielgesichtigkeit die Handlungen der politischen Gegner beeinflußt haben. (Daß sie nicht fähig waren, das Wesen dieser Partei zu erkennen, oder daß sie unfähig waren,

* In der Handschrift wurde hier ein Wort ausgelassen.

aus einer richtigen Erkenntnis die politischen Konsequenzen zu ziehen, ist ihre Schuld. Sie wird durch den Anteil, den die NSDAP am Handeln ihrer politischen Gegner hatte, nicht um ein Jota verringert.)

Übrigens ist die Kommunistische Partei nicht auszunehmen, wenn untersucht wird, wie die NSDAP die Handlungen ihrer Gegner beeinflußt hat. Obwohl die KPD intensiver als andere Parteien die NSDAP bekämpfte, erkannte sie die ganze Größe der Gefahr, die diese Partei darstellte, erst sehr spät, und sie ließ sich durch einzelne Eigenschaften und durch die ursprüngliche Heterogenität der von der NSDAP gesammelten Massen zu unrichtigen Schlußfolgerungen verleiten. Die Kommunisten meinten ziemlich allgemein, die NSDAP müsse an ihrer eigenen Demagogie zu Grunde gehen, wenn nicht schon vor der Machtergreifung, so doch nach kurzer Regierungszeit. Weil sie das Massenbewegungssystem der NSDAP nicht durchschauten, setzten sie ihre Erwartungen auf das Auseinanderfallen der von der NSDAP zusammengeballten Massen in ihre ursprünglichen Bestandteile. Sie meinten, dieser Prozeß müsse indirekt den Kommunisten nützen.

Während der vielen Wahlkämpfe und sonstigen Auseinandersetzungen bis zum Machtantritt der NSDAP hat sich gezeigt, daß die Versuche, das Wesen der NSDAP durch die Beleuchtung und Entlarvung ihrer Praxis in einer Teilfrage allgemein verständlich und unwiderruflich bloßzustellen, nur sehr beschränkt wirkten. Die Politik, die Frick als nationalsozialistischer Minister in Thüringen und Klagges als ebensolcher in Braunschweig führten, entsprach gewiß nicht den Erwartungen, von denen die Anhänger des Nationalsozialismus in der Hauptsache erfüllt waren. Aber es zeigte sich, von wenigen Einzelfällen abgesehen, keine allgemein desillusionierende Wirkung der Aufklärung über diese Ministertätigkeit. Dasselbe muß man bezüglich der Politik der nationalsozialistischen Vertreter in den Kommunen feststellen. Die Gegenüberstellung der nationalsozialistischen Versprechen und der Stellungnahme der Abgeordneten dieser Partei im Reichstag und in den Landtagen, die mitunter frappierende Ergebnisse aufwies, hat praktisch nur sehr wenig am Zustrom neuer Wählermassen zur NSDAP zu ändern vermocht. Die Stimmung, die während der Wahlkämpfe herrschte, war für sachlich begründete Darlegungen ziemlich ungeeignet. Die in den Einflußbereich der NSDAP gezogenen Massen betrachteten von vornherein jedes von anderer Seite kommende Argument gegen die NSDAP als Lüge oder Manöver. Hinwiederum waren sie gern geneigt, offenkundige und unbestreitbare Widersprüche zwischen den Handlungen und den Versprechen der nationalsozialistischen Politiker als List zur Täuschung der Gegner, schlaue Tricks und ähnliches zu bagatellisieren. Für sie war die Hauptsache, bestätigt zu sehen: »Wir marschieren!«, und übrigens erwarteten sie das dereinstige »Große Aufräumen«. (Es hat sich schon in dieser Periode gezeigt, wie wenig die breiten Massen tatsächlich wissen, d. h. wie wenig die Masse von Nachrichten und Informationen, die fortlaufend durch Radio und Presse den breiten Massen bekanntgegeben werden, eine wirkliche sachliche Aufklärung genannt werden darf, durch die das Wissen und die Fähigkeit zu urteilen faktisch gehoben würden.) Sie sahen die NSDAP fortfahrend so, wie sie sie wünschten und wie die NSDAP wünschte, gesehen zu werden.

Einige Male kam es in der NSDAP zu offenen Streitigkeiten. Sie entzündeten sich am alltäglichen Kampf um bestimmte leitende Posten und entwickelten sich zu Auseinandersetzungen um die eigentliche Rolle und die Zielsetzung der Partei. Otto Strassers Kampagne zur Entlarvung Hitlers hat von diesen Streitigkeiten den meisten Eindruck in der Öffentlichkeit gemacht. Der Abfall des Berliner SA-Führers, Hauptmann Stennes, von Hitler und die Abkehr des Führers der SA im Gau Franken, Jordan, vom offiziellen Kurs der Partei haben eine gewisse Zeitlang Aufsehen erregt. Die Enthüllungen des aus der SA-Leitung ausgeschiedenen Majors Mayr über das Leben hinter den Kulissen der NSDAP, vor allem aber über die geheimen Beziehungen, die von der Spitze dieser Partei zu diplomatischen Kreisen Frankreichs gepflegt worden waren, wurden von einem Teil der antinazistischen Presse ausgenützt. Die Absage des ehemals nationalsozialistischen Reichswehrleutnants Scheringer an den Nationalsozialismus bewegte einige mehr idealistisch und sozialistisch gestimmte Elemente der Partei zu Sympathiekundgebungen. Aber sowohl Scheringers als auch Mayrs Versuch zur Loslösung größerer Teile aus der Anhängerschaft der NSDAP führten nur zu geringen tatsächlichen Abtrennungen einzelner. Die vorher genannten Auseinandersetzungen, die zu örtlichen Abspaltungen führten, blieben zahlenmäßig gering, hinterließen in der Partei keine nennenswerten Lücken und taten ihrer Werbekraft keinen Abbruch. Das gilt auch für Otto Strassers Separationsversuch. Schließlich hat auch der Versuch Gregor Strassers zu einer politischen Wendung der NSDAP, der zwar nicht offen zu Ende geführt wurde, dem aber doch wegen der Rolle, die Strasser in der Partei-Hierarchie spielte, eine Bedeutung zukommt, gezeigt, daß die Anziehungskraft der Partei nicht dadurch erschüttert werden konnte, daß einzelne führende Persönlichkeiten ihre Tätigkeit zu kritisieren begannen.

Es ist nicht der Zweck dieser Ausführungen, post festum die Immunität der NSDAP gegenüber Oppositionsäußerungen aus den eigenen Reihen zu konstatieren. Es ließe sich denken, daß eine beharrliche Kritik an der politischen Praxis, gestützt auf die intensive Betonung bestimmter Einzelforderungen, ernstliche Erschütterungen innerhalb der NSDAP hätte hervorrufen und damit auch deren Anziehungskraft, zumindest auf einzelne soziale Schichten, hätte gefährden können. Doch hätte dies vorausgesetzt, daß zugleich eine ganz positive demokratische Politik, deren Hauptstütze nur die Arbeiterbewegung hätte sein können, von außen auf die Massen der NSDAP eingewirkt hätte. Das in der Tat und im Bewußtsein breiter Schichten herrschende Provisorium aber war keine demokratische Wirklichkeit, die dem einzelnen von der NSDAP wieder hätte loszukommen helfen, respektive die Erfassung anderer hätte verhindern können. Im öffentlichen Leben und im Bewußtsein des Volkes gab es keine

übereinstimmenden Rechtsnormen mehr. (Es ist schon früher gezeigt worden, daß die NSDAP gerade diese Tatsache und die sich aus ihr ergebenden Konsequenzen bei der Ausarbeitung ihres Massenbewegungssystems zu Grunde legte.) Aus diesem Zustand schöpfte die NSDAP ihre Kraft. Er hat ihr auch geholfen, zeitweilige Erschütterungen rasch zu begrenzen und die Masse ihrer Anhänger gegen oppositionelle Regungen zu immunisieren.
Als die Partei mit den vielen Gesichtern ist die NSDAP in diesem Abschnitt charakterisiert worden. Diese Eigenschaft hat sie sich zielbewußt mit Hilfe ihres Massenbewegungssystems zugelegt und systematisch weiter entwickelt; sie gehörte als entscheidender Bestandteil zur Technik der Werbung und Erfassung von Anhängern.
Hier ist nicht die Stelle, zu untersuchen, welche Möglichkeiten es im einzelnen gegeben hat, das System dadurch wirkungslos zu machen, daß das wahre Gesicht der NSDAP allen Deutschen zum Bewußtsein gebracht worden wäre. Es ist schon darauf hingewiesen worden, welche grundsätzliche Voraussetzung dazu fehlte. Aber um ganz klarzumachen, welche geistige und sittliche Verfassung des Volkes es der NSDAP möglich machte, zu tun, was ihr behagte und doch bei Millionen Menschen in der ihr günstigsten Beleuchtung zu erscheinen, mögen einige Gedanken zum Mord von Potempa diesen Abschnitt beschließen.
Im oberschlesischen Ort Potempa war der Arbeiter Pietzuch von fünf in seine Wohnung eingedrungenen Nationalsozialisten überfallen und auf grausame Weise ermordet worden. Die Täter konnten bereits nach kurzer Zeit

vor Gericht gestellt werden und motivierten ihre Untat zynisch mit der politischen Gesinnung des Ermordeten. Sie wurden nach dem geltenden Gesetz zum Tode verurteilt. Die Urteilsvollstreckung sollte kurze Zeit später erfolgen.

Die öffentliche Meinung war durch den Mord von Potempa ungewöhnlich stark erregt worden. Ungewöhnlich – sage ich, weil die politischen Morde, die zu jener Zeit sehr häufig waren, im allgemeinen von der Öffentlichkeit mit einer gewissen Abgestumpftheit zur Kenntnis genommen wurden. Im Fall von Potempa war jedoch der Gegensatz zwischen der Ahnungslosigkeit des Opfers der Mordtat, das in seiner Umgebung als rechtschaffener, für den Unterhalt seiner alten Mutter sorgender Arbeiter bekannt und geachtet war, und der Planmäßigkeit und Grausamkeit, die die Mörder gezeigt hatten, so kraß zutage getreten, daß man in ganz Deutschland angesichts dieser Untat und der sich in ihr offenbarenden Geistesverfassung schauderte.

Durch eine demonstrative persönliche Intervention machte Hitler die Stellungnahme zum Mord und zu den Mördern zu einer Parteisache. In einem in der Presse veröffentlichten Telegramm stellte er sich an die Seite der Mörder, bezeichnete sie als seine Kameraden, pries ihr Verbrechen, versuchte das reine Bild des Ermordeten zu besudeln und forderte nicht nur die Freigabe der Mörder, sondern verlangte, daß sie vom deutschen Volk als Nationalhelden geehrt würden.

Jedes Wort, das Hitler in seinem Telegramm und seine

Trabanten in ihren Kommentarartikeln gebrauchten, war eine Beleidigung des elementarsten menschlichen Rechtsempfindens. Hitlers Intervention zeigte ganz brutal das Wesen der NSDAP. Dennoch sprach das deutsche Volk damals nicht das Urteil über die NSDAP. Statt daß sich angesichts der von Hitler vorgenommenen Proklamation der Freiheit des Mordes für seine Partei das deutsche Volk zur Unantastbarkeit des sittlichen Rechts bekannte und die Wogen einer allgemeinen Empörung des Volkes über den Spießgesellen gemeiner Mörder zusammenschlugen, ging der Potempa-Fall in der parteipolitischen Agitation unter, wie vieles andere vor ihm. Damit hatte Hitler erreicht, was er wollte.

Die Devise »Recht ist, was uns nützt« war von Hitler in aller Öffentlichkeit auch für den Mord als gültig proklamiert worden, und es hatte sich erwiesen, daß es in Deutschland kein allgemeines Forum mehr gab, von dem eine solche Perversion des Rechts die gebührende Verurteilung erfahren konnte. Es gab keine allgemein anerkannten ethischen Normen. Der Volkskörper war durch Demoralisation paralysiert.

Unwillkürlich vergleicht man diesen traurigen Tatbestand mit den leidenschaftlichen Auseinandersetzungen um die Affäre Dreyfus, die gegen Ende des 19. Jahrhunderts Frankreich bewegt hatten. Dort hatte es sich um ein Fehlurteil gehandelt, durch das ein Mensch zu Unrecht bestraft worden war und das von einer gewissen Oberschicht mit dem Scheine des Rechts verschleiert wurde. Aus den Auseinandersetzungen um den Einzelfall Dreyfus wuchs in Frankreich ein Kampf um die prinzipielle Achtung des Rechts. Die Verteidiger des Unrechts versuchten vergebens, aus dem Fall Dreyfus einen Fall des »Juden Dreyfus« zu machen, um ihn dadurch zu entwerten. Dieser Versuch, antisemitische Tendenzen zu entfesseln und durch sie die Gleichheit der Bürger vor dem Gesetz aufzuheben, erzielte aber eine umgekehrte Wirkung und verdoppelte letzten Endes nur den Umfang der Niederlage jener, die ihn gestartet hatten. In diesem Kampf setzten sich die gesunden Kräfte des Volkes durch gegen die um sich greifende Fäulnis der verfallenden Oberschicht.

Im Fall von Potempa ging es um die Frage, ob der Führer einer Partei im Widerspruch zum elementaren menschlichen Rechtsempfinden und unter erzwungener Durchbrechung des geltenden Strafrechts den von seinen Parteigängern begangenen Meuchelmord straffrei erklären und zur Heldentat erheben dürfte. Die menschlichen Regungen des Abscheus, die sich unter dem Eindruck der Mordtat im ganzen Lande hatten vernehmen lassen, und die zunächst den Anschein erweckten, als vermöge sich doch einmal das Volk zu einer gemeinsamen Handlung um ein einheitliches Prinzip zu erheben, wurden schon nach kurzer Zeit niedergetreten. Die einen ließen sich schließlich zur Passivität bringen, indem sie es zu bedenklich fanden, daß der Ermordete zur Kommunistischen Partei gehört haben sollte. Andere meinte, es sei ja weder neu, noch könne es eigentlich schaden, wenn sich Nationalsozialisten und Kommunisten gegenseitig die Schädel einschlügen.

Dritte entschuldigten »bis zu einem gewissen Grade« die Mörder damit, daß sie doch eine Art von nationalen Motiven gehabt hätten, insofern die Sprache des Ermordeten (wie die der meisten Bewohner jener Gegend) mehr polnisch als hochdeutsch gefärbt gewesen sei. Vierte wollten die Sache ohne großen Lärm zu Ende geführt wissen, weil es sich ja letzten Endes beim Ermordeten nur um einen Arbeiter gehandelt hätte. Eine solche gradweise Einschränkung der Universalität des Rechts, die nur mit dessen völliger Ausschaltung enden kann, dieses Anlegen verschiedener Maßstäbe und Sehen von verschiedenen Standpunkten aus hatte Hitler bezweckt. Die im Volk vorhandenen gesunden Kräfte wurden von der organisierten Demoralisation erdrückt.

Im Mord von Potempa und in dem Sieg, den Hitlers Stellungnahme davontrug, sind die Keime zu unzähligen Schreckenstaten zu suchen, die sich in den Jahren seit 1933 in Deutschland und in den Ländern ereignet haben, über die der Nationalsozialismus Macht erlangte. Die passive Bereitschaft zur Duldung von Folterungen, Geiselmorden, Pogromen und massenhaften Einkerkerung von Menschen um ihrer oder ihrer Angehörigen Anschauungen willen, diese passive Bereitschaft von Millionen Menschen, ohne die die aktivistische Minorität nie Deutschland zu ihrer Festung hätte machen können, erlebte beim Potempa-Fall ihre Generalprobe. Der für die NSDAP so befriedigende Ausgang bewies ihr die »Reife« des Landes zur Machtergreifung. Im Volk war keine Kraft mehr zu einer Erhebung. Es war keine unmittelbare Gefahr vorhanden, daß die Täuschung über das wahre Wesen der NSDAP in der faktisch (wenn auch sehr verschiedenartig) die Majorität des Volkes befangen war, aufgehoben und dadurch der weiteren Ausbreitung und Bewegung des Nationalsozialismus ein wirkliches Hindernis entgegengestellt werden könnte. Nun konnte die so systematisch aufgezogene Massenbewegung des Nationalsozialismus die auseinandergefallenen Volksteile umschmelzen und umpressen zu Gliedern des Riesenmechanismus, mit dem die Weltherrschaft erobert werden sollte.

Das Kriegserlebnis und die Versailles-Legende

Aus dem bisher Dargelegten ergibt sich, daß die Ursache vieler Veränderungen, die dem Aufkommen und der Entwicklung der NSDAP günstig waren, der Krieg von 1914 bis 1918 gewesen ist. Mit dieser Feststellung soll nun nicht nachträglich der Nationalsozialismus als durch den Krieg unausweichlich gegeben gewesen angesehen werden. Abgesehen davon, daß ja die ganze Untersuchung von der Auffassung ausgeht, daß der Machtergreifung der NSDAP ein langer, von Kämpfen ausgefüllter Prozeß vorausgegangen ist, dessen Ausgang nicht von Anfang an feststand, widerspricht alles bisher Ausgeführte einem Versuch, diese Feststellung als eine Art von rückblickendem Fatalismus auszulegen. Nein, hier wird nicht nach einer Entschuldigung dafür gesucht, daß die politische Entwicklung eine bestimmte Richtung eingeschlagen hat. Die Untersuchung der Voraussetzungen zur Machtergreifung des Nationalsozialismus, die nicht mit bequemen Formeln manipuliert, kann nicht bei der Erklärung einzelner Teile fortgesetzt wiederholen, daß man nicht Einzelheiten aus dem Zusammenhang reißen und fälschlich für das Gesamtergebnis ansehen möge. Obgleich die Gefahr der Ausschlachtung und des Mißbrauchs einer solchen Untersuchung durch allerlei gewandte und konjunkturbeflissene politische Geschäftemacher vorliegt, wäre es doch eine unverzeihliche Rücksichtnahme, deshalb auf das Aussprechen der Wahrheit verzichten zu wollen.

Der Krieg, der für Deutschland mit einer Niederlage und der Unterwerfung unter ein hartes Friedensdiktat schloß, hat die allgemeine Unsicherheit und Haltlosigkeit hervorgerufen, auf die der Nationalsozialismus sein ganzes Massenbewegungssystem zuschnitt. Gelänge uns eine möglicherweise vollständige Aufzählung aller durch den Krieg angerichteten Schäden und Verwüstungen, hätten wir die Möglichkeit, die Toten, Verstümmelten, Verhungerten, durch Krankheit Beschädigten und alle Sachschäden in einer großen statistischen Übersicht zusammenzufassen, so hätten wir dennoch erst einen Bruchteil der durch den Krieg angerichteten Schäden sichtbar gemacht. Vielfach handelte es sich dabei um Schäden, die unabhängig vom Ausgang des Krieges waren, und die durch ihn nur bestimmten Schichten besonders fühlbar geworden sind oder auch einfach aus politischen Gründen als durch den Ausgang des Krieges bedingt dargestellt worden sind. Ja, der Krieg selbst, der diese Schäden fühlbar hatte werden lassen, war – genau genommen – nicht ihre letzte Ursache, sondern war selbst wieder nur der Ausdruck der Unmöglichkeit, das Leben auf die bisherige Art weiterzuführen. Denn der Krieg von 1914 bis 1918 wird nur richtig verstanden, wenn er als der blutige und schreckliche Ausdruck der der kapitalistisch-imperialistischen Gesellschaftsordnung innewohnenden Widersprüche und Gegensätze verstanden wird. Der Weltkrieg war Ausdruck und Beweis dafür, daß die nebeneinander und in kapitalistischer Konkurrenz miteinander groß und stark gewordenen Mächte unweigerlich in einen mörderischen Kampf auf Leben und Tod geraten müssen, wenn nicht durch den Übergang zu einer höheren Gesellschaftsordnung an die Stelle des menschen- und wertevernichtenden Kampfes um Hegemonie und Weltherrschaft die kultivierende Zusammenarbeit der Völker tritt. Die im kapitalistisch-imperialistischen Wirtschafts- und Herrschaftssystem im Laufe der Jahrzehnte herangereiften Widersprüche und Gegensätze zwischen den Staaten und Staatengruppen, die 1914 zur Explosion gelangt waren und sich mehr als vier Jahre lang ausgetobt hatten, waren durch den Versailler Frieden weder ausgeglichen noch von Grund auf beseitigt worden. Der Versailler Vertrag mit dem ganzen auf ihm beruhenden System der internationalen Beziehungen der Staaten wurde ja nicht von den Exponenten der gesellschaftlichen Kräfte geschaffen, die an Stelle der durch den Krieg, ihr eigenes Erzeugnis, verurteilten kapitalistisch-imperialistischen Gesellschaftsordnung eine höhere, die Zusammenarbeit der Völker gewährleistende Gesellschaftsordnung anstrebten. Der Versailler Frieden war ein von den siegreichen Konkurrenten dem Unterlegenen auferlegtes Diktat, durch das sie den Unterlegenen für längere Zeit von der Wiederaufnahme des Konkurrenzkampfes auszuschalten gedachten. Kein einziger der Widersprüche, die den Krieg hervorgerufen hatten, wurde durch

den Vertrag von Versailles und die ihm entsprechenden Verträge von St. Germain, Neuilly und Trianon gelöst. Die Respektierung des nationalen Selbstbestimmungsrechts, die angeblich als grundlegende Neuerung bei der Schaffung der Verträge Pate gestanden haben sollte, und die dem Namen nach die einzige prinzipielle Neuerung war, wurde auf seiten der Besiegten als das Gegenteil empfunden, denn ihre Länder und Völker wurden zerstückelt. Das System von Versailles sollte den Siegern eine Garantie ihres Übergewichts auf dem Weltmarkt und eine ungestörte Wiederaufnahme ihrer 1914 unterbrochenen Lebensgewohnheiten bieten. Das war – wenn überhaupt – nur dann und so lange möglich, wenn der im Krieg Unterlegene unter Ausnahmezustand und niedergehalten wurde. Damit aber schließt sich wieder jener magische Kreis, in dem sich das kapitalistisch-imperialistische Weltsystem befindet und dessen Lauf es so lange in Kriege und Katastrophen treiben wird, bis der Kreis endlich einmal und für immer gesprengt werden wird.
An Stelle der Verbrüderung und der Völkergemeinschaft, auf die die grauen, ausgemergelten Menschenmassen im Feld und daheim gehofft hatten, trat eine scheinbar neue Routine in Kraft, die sich in Wirklichkeit als die sehr schlecht funktionierende Fortsetzung des wieder geflickten kapitalistisch-imperialistischen Konkurrenz- und Ausbeutungssystems erwies. Es wurde nicht so, wie es viele visionär in den Schützengräben geträumt hatten, daß die namenlosen Soldaten, die schmerzgebeugten Mütter nun hervortreten und ein neues Zusammenleben durch

gemeinsame Anstrengungen begründen konnten. Nach den aufwühlenden Erlebnissen der Jahre von 1914 bis 1918 sollte vielmehr nun so getan werden, als setze man das Leben einfach dort fort, wo es 1914 unterbrochen worden war. Dieses Ansinnen mußte in Deutschland, auf das nun zur Last der Kriegsjahre noch die Last der Reparationen und alles Dazugehörige gewälzt worden war, vielfach mehr befremdend empfunden werden als in den Siegerländern, in denen es wenigstens zeitweilig leichter war, die alte Routine wieder in Gang zu bringen.

Man hatte in den Jahren des Stellungskrieges über den verhältnismäßig engen Horizont der eigenen Nation hinaus sehen gelernt, hatte Gemeinsames erkannt, das diesseits und jenseits der Drahtverhaue und Schützengräben galt. Man hatte auf dem blutigen und opferreichen Umweg über den mörderischen Vernichtungskampf erkennen gelernt, daß der Mann im gegnerischen Graben ein Mensch mit ebensolchen Schmerzen, Sehnsucht nach Freude und Wünschen nach einem menschenwürdigen Leben ist, wie man es von sich selbst wußte. Man hatte im Trommelfeuer, wie im zehrenden Hunger des arbeitsüberladenen grauen Alltags daheim, gelernt, Phrasen beiseite zu schieben, um auf das Wesentliche zu kommen und hatte gehofft, nach dem Kriege würden nun auf beiden Seiten die ein Wort mitzureden haben, die das Schwerste hatten ertragen, opfern und leisten müssen.

Das waren – kurz wiedergegeben – die Gedanken der überanstrengten, ausgemergelten und enttäuschten grauen Kolonnen von der Front und daheim in Deutschland nach über vier Kriegsjahren. Natürlich entsprachen sie nicht den wohlausgearbeiteten Konzepten von Staatssekretären und Syndici. Leider fehlte ihnen aber andererseits auch die leidenschaftliche Erbitterung gegen die für das Blutbad Verantwortlichen und die Entschlossenheit, nun auch kein Opfer mehr zu scheuen, damit erreicht und gesichert werde, daß das Geschick des Landes und Volkes künftig von solchen Vertretern des Volkes selbst geleitet werde, die heilig halten würden, was die grauen Massen aus den Jahren des Krieges gelernt und sich gelobt hatten. – Doch darf daraus nicht geschlossen werden, daß dieser nur aus den Fehlern der politischen Erziehung zu erklärende Mangel das teils schamlos bewußte Spiel des Betrugs und die teils grotesk hilflose Unentschlossenheit der Führer der 1918 stärksten Partei irgendwie erklärt oder entschuldigt. Es wäre mit diesem Volk vieles zu tun möglich gewesen, was eine Entwicklung zu einem solchen 1933 unmöglich gemacht hätte, selbst wenn durch Versailles eine große, gründliche, internationale Lösung zunächst gehindert wurde.

Die Mehrheit des deutschen Volkes, die zwar übermüdet und nach Ruhe verlangend, doch aufbauwillig und zum Beschreiten neuer Weg bereit war, erlebte die doppelte Enttäuschung, daß der Friede eigentlich eine diplomatische Fortsetzung des Krieges war, und daß sich das Leben im eigenen Lande immer mehr verwirrte. War es ein Wunder, daß mehr und mehr die Auffassung um sich griff, daß das eine die Ursache des anderen sei? Diese Auffassung mußte nicht unbedingt zum Nationalsozialismus führen. Aber für den Nationalsozialismus war es relativ leicht, sie für sich auszunutzen, je weniger die demokratischen Kräfte (das heißt in erster Linie die Arbeiterbewegung) zu einer grundsätzlichen Änderung der innenpolitischen Verhältnisse bereit und fähig waren. Denn das Versagen der demokratischen Kräfte hatte nicht nur zur Folge, daß die NSDAP die Initiative in die Hand bekam, sondern auch, daß im Bewußtsein großer Teile des Volkes das Erlebnis vom Ausgang des Krieges durch ein anderes verdrängt wurde, das verschüttet gewesen war.

Für ein Volk bedeutet ein Krieg nicht nur die Summe der Wunden und Schmerzen aller seiner Glieder. Sieg oder Niederlage können in der Entwicklung eines Volkes einen entscheidenden Wendepunkt bedeuten. Aber noch ein Drittes vermag, unabhängig von Sieg oder Niederlage, die Richtung der Entwicklung eines Volkes nach einem Krieg wesentlich zu beeinflussen: das kollektive Kriegserlebnis. Es entsteht nicht einfach aus der Summe der individuellen Erlebnisse und erhält seine endgültige Prägung nicht unbedingt durch Sieg oder Niederlage. Es verändert sich während des Krieges, wird vielleicht sogar durch ein neues und stärkeres verdrängt und kann noch Jahrzehnte nach dem Krieg als meinungsbildender Faktor im politischen Leben einer Nation wirken. Doch hier soll nicht allgemein über die kollektiven Kriegserlebnisse von Völkern, sondern konkret über das Erlebnis des deutschen Volkes vom Krieg 1914-1918 geschrieben werden.

Gab es 1914 in Deutschland eine im großen und ganzen übereinstimmende Meinung über den Krieg? So verschieden und gegensätzlich die politischen Meinungen auch waren, in einem Punkt herrschte weitgehende Übereinstimmung bei fast allen Deutschen: Sie hielten den Krieg für einen Deutschland aufgezwungenen Verteidigungskrieg. Daß diese Meinung auch von der Arbeiterschaft geteilt wurde, die bis zum Kriegsausbruch in Übereinstimmung mit den Beschlüssen und Erklärungen der sozialistischen Internationale in zahlreichen Kundgebungen die Militär- und Flottenpolitik der kaiserlichen Regierung verurteilt und gegenüber jedem wie immer motivierten Versuch, Deutschland in einen Krieg zu dirigieren, den schärfsten Kampf gegen die Regierung und die herrschenden Klassen des eigenen Landes angekündigt hatte, war das Ergebnis der Stellungnahme der führenden Kreise der Sozialdemokratie und der freien Gewerkschaften. Angesichts der Entschiedenheit, mit der die organisierte Arbeiterschaft vordem ihre kriegsgegnerische Haltung betont hatte, und unter Berücksichtigung der bedeutenden Position, die Sozialdemokratie und Gewerkschaften im Volksganzen einnahmen, war das Einschwenken der Sozialdemokratie in die Reihen der »Vaterlandsverteidiger« ebenso überraschend wie wirkungsvoll. Die außerordentliche Intensität, mit der dann Partei- und Gewerkschaftsorgane die neue Stellungnahme begründeten und verteidigten, die rücksichtslose Schärfe, mit der sie jeder Opposition entgegentraten, und der Eifer, mit dem sie die gesamte Arbeiterschaft zum Einsatz für die Kriegspolitik der kaiserlichen Regierung zu bekehren trachteten, hinterließen eine um so nachhaltigere Wirkung, als ja erfahrungsgemäß jeder einmal vollzogene Kriegsausbruch die Volksmassen vor ganz neue Situationen stellt und in eine ganz eigentümliche Stimmung versetzt.

Die 1914, nach Kriegsausbruch, in Deutschland vorherrschende Meinung war unbestreitbar die, daß Deutschland ohne direktes eigenes Verschulden in einen Krieg gezwungen worden sei. Die Folgerung war eine so gut wie allgemeine Bereitwilligkeit zur Verteidigung des eigenen Landes. Die allgemeine Übereinstimmung in einem so schicksalsschweren Augenblick und der Eindruck der Außergewöhnlichkeit des Ereignisses fanden ihren ersten Ausdruck in einer Welle patriotischer Begeisterung, die auch die Mehrzahl der Arbeiter mitriß.

Übrigens wäre es ein Irrtum, das Mitgerissenwerden der Mehrheit der deutschen Arbeiterschaft von der Welle patriotischer Begeisterung als ein Zeichen besonderer Empfänglichkeit der deutschen Arbeiterschaft für nationalistische und chauvinistische Regungen anzusehen. Sowohl die unzweideutigen Kundgebungen der deutschen Arbeiterbewegung während des Krieges von 1870/71 als auch die Stellungnahme gegen die imperialistische Kolonialpolitik zeugen gegen eine solche Annahme. Man wird sich im Gegenteil eher darüber zu wundern haben, daß die chauvinistischen Impulse im Verlauf des Krieges keine größere und nachhaltigere Wirkung gehabt haben, und daß der nationalistischen und imperialistischen Tendenz, der ein Teil der Führer und Theoretiker der Sozialdemokratie huldigte, nicht ein kräftigerer nationalistischer und imperialistischer Einschlag in der Anhängerschaft

entsprach. (Im Kapitel über die Arbeiterbewegung wird zu all dem ausführlich Stellung genommen werden.)
Ein Wort des damaligen Kaisers Wilhelm II. hat ohne Zweifel einen ganz außergewöhnlich tiefen Eindruck bei der großen Mehrheit des Volkes gemacht, nämlich dieses: »Ich kenne keine Parteien mehr; ich kenne nur noch Deutsche.«
In der Arbeiterschaft mußte das Wort um so mehr wirken, als die eben erst den Halt verloren hatte, den ihre Partei ihr durch die Lehre gegeben hatte, die Stellung zum Krieg nicht durch die täuschenden und irreführenden äußeren Merkmale des Angriffs oder der Verteidigung bestimmen zu lassen, sondern durch seinen wirklichen Charakter, der durch die Klasseninteressen bestimmt wird, denen die Politik dient, die zum Kriege geführt hat, und deren Fortsetzung der Krieg ist. Der organisierte Arbeiter war ohne den Rückhalt, den er bis jetzt in schweren Lagen der reaktionären und nationalistischen Propaganda gegenüber gehabt hatte. Nun eröffnet sich dem einzelnen Arbeiter anscheinend auf einmal eine große, feste, von herzlicher Wärme durchströmte Gemeinschaft. Er glaubte, nachdem seine bisherigen Ansichten von der eigenen Partei über Bord geworfen waren und ein Rausch allgemeiner Begeisterung die Massen in Besitz nahm, von nun an nicht mehr auf einem abgesonderten Platz zu stehen, sondern voll- und gleichberechtigt aufzugehen in der großen Volksgemeinschaft. Es war das zweifelhafte aber unbestreitbare Verdienst der deutschen Sozialdemokratie und ihrer Gewerkschaften, daß zu einem so entscheidungsvollen Zeitpunkt

die Arbeiterschaft, die Arbeiterklasse, als selbständiger politischer Faktor verschwunden war und die Millionen einzelner Arbeiter samt ihren Familien dem allgemeinen Strom überlassen wurden, dessen Richtung der Kaiser mit seinem Wort angegeben hatte. Auf das Volk im Ganzen hatte dieses Ereignis des Einmündens der Sozialdemokratie in den Strom der »Deutschen« eine gewaltige Rückwirkung. Das Parteiwesen war an und für sich nicht sehr beliebt gewesen. Speziell aber hatte im Hinblick auf die Möglichkeit eines Krieges die Furcht vor den »Roten« und ihrer »Revolution« den Durchschnittsbürger und -bauern bedrückt. Da sich nun in einem so bedeutungsvollen Augenblick die Gefahr in Nichts auflöste, der Kaiser sagen konnte, es gäbe nur noch Deutsche, und ohne Unterschied der Konfession und der in Deutschland oft so besonders betonten Stammeszugehörigkeit alle für das gemeinsame Vaterland einstanden, das wurde den Massen zu einem sich tief ins Herz eingrabenden Erlebnis: Sie fühlten sich als eine Nation, eine Gemeinschaft, die angesichts der alle bedrohenden Gefahr endlich alle inneren Schranken überwunden hatte.

Es wäre töricht und unrecht, dieses gefühlsmäßige Erlebnis einfach als Hurra- oder Bierbankpatriotismus abtun zu wollen. Wer sich der Tage und Wochen erinnert, in denen die mitreißenden Klänge der »Wacht am Rhein« immer wieder Menschen in Bewegung brachten, der weiß gewiß, daß diese Bewegung elementarer Natur war und auch viele ernste und keineswegs chauvinistische Menschen mitzog oder doch ihren individuellen Widerstand und ihre persönliche Abneigung ausschaltete. Nachdem von keiner autoritativen Stelle aus den Menschenmassen klargemacht worden war, wie man sie getäuscht und auf welche Bahn man sie geschoben hatte, nachdem keine ernstzunehmende gesellschaftliche Kraft sich gegen den Strom gestemmt hatte, war der einzelne mit seiner Familie sich selbst überlassen, und die meisten wurden eben von der einzigen in Erscheinung tretenden Gemeinschaft erfaßt.

Es ist hier vielleicht der richtige Platz, in ein paar Sätzen meine eigenen bescheidenen persönlichen Erinnerung an den Kriegsausbruch darzulegen. Ich war ja noch ein Kind, befand mich gerade im neunten Lebensjahr, aber einige Erinnerungen sind mir unversehrt erhalten geblieben. Mit meinen Eltern und meinem Bruder befand ich mich im Anwesen eines uns bekannten Bauern, wo wir an einem einzelnen Tisch unter einem Baum vor dem Abschluß des Tages noch ein Glas Milch tranken, nachdem wir einen Verwandten zur Bahn gebracht hatten, der seinen Besuch vorzeitig abgebrochen und die Heimreise angetreten hatte, weil die Gerüchte über die bevorstehende Mobilmachung immer bedrohlicher wurden. Wir waren in sehr ernster, gedrückter Stimmung. Die vorzeitige Abreise des Verwandten empfanden wir etwa so, wie eine kleine Gruppe auf einer Insel die Abfahrt des letzten mit ihnen zusammengewesenen und nun in die Heimat zurückkehrenden Menschen empfinden mag. Wir sprachen mit langen Unterbrechungen, wie tastend, von dem, was der Krieg für unseren kleinen Kreis bedeuten würde. Es war, als müßten wir bald in ein fürchterliches Unwetter geraten, das deswegen so fürchterlich sein werde, weil niemand von uns wissen konnte, was es bringen und wie lange es dauern würde. Nur eins wußten wir bestimmt: Wir würden auseinandergerissen werden, denn der Vater mußte im Falle des Kriegsausbruchs so gut wie unmittelbar zur Armee. Wie würden wir dann voneinander wissen? Wie könnten wir uns mitteilen? Und während wir so unseren bangen Gedanken nachgingen, kam der Bauer mit der eben bekanntgewordenen Nachricht der vollzogenen Mobilmachung. Wir standen alle von der Bank auf und drängten uns an den Vater. Er sagte, daß er am vierten Mobilmachungstag einrücken müsse. Nun, da eingetreten war, was wir befürchtet hatten, weinten wir Kinder. Der Vater aber suchte uns alle zu trösten. Dann gingen wir, nachdem wir uns von dem sehr ernsten Bauern verabschiedet hatten, nach Hause. Die Mutter begann, wohl um ihre Unruhe zu dämpfen, gleich mit den Zurüstungen zu des Vaters Wäsche. Dann habe ich von diesem ersten Tag nur noch in Erinnerung, wie mein Vater meine Mutter zu trösten suchte, denn sie hatten später am Abend miteinander über die Zukunft gesprochen, und meine Mutter war sehr besorgt. Wir wohnten erst kurze Zeit in diesem Ort, und unsere Verwandten waren alle sehr weit weg. – Erst Jahre später ist mir ganz klargeworden, was Vater und Mutter noch so besondere Sorgen machte. Meine Mutter erwartete ein Kind. – Als Vater zum Militär ging, durfte ich ihn begleiten. Ein schwerer Abschied mit vielen Tränen und ganz einfachen, zu Herzen gehenden Trostworten des Vaters sind mir in Erinnerung. Wenige Tage später rückte er mit seinem Regiment aus. Ich durfte an seiner Seite mitmarschieren, bis der Menschenstrom uns kurz vor dem Bahnhof auseinanderriß. Dann weiß ich nur noch, wie wir suchten und suchten, um den Vater vielleicht noch einmal zu erblicken. Aber wir sahen nur noch Feldgrau, neues Lederzeug, viele, viele Blumen und winkende, jubelnde und weinende Menschen, bis der Zug davonrollte. – Es hat nur ein paar Wochen gedauert, bis wir zu Hause wußten, daß Vaters Regiment bei den Kämpfen aufgerieben worden war (wie damals der Fachausdruck hieß), und daß der Restbestand mit Reservetruppen zu einem neuen Regiment formiert werden würde. Der Vater war verhältnismäßig glimpflich davongekommen. In meiner Erinnerung aber hat sich dies Wort »aufgerieben« unauslöschlich eingegraben, und ich denke dabei immer an die vielen winkenden, jubelnden, weinenden Menschen, die damals das Regiment zur Bahn begleitet hatten und nun entweder einen Toten zu beklagen oder um einen Verwundeten oder Vermißten zu bangen hatten. – Verglichen mit diesen mir ganz lebendigen Erinnerungen an das erste Eingreifen des Krieges in mein eigenes Leben, erscheinen mir die Erinnerungen an die »Spionenjagden« und die Versuche, »Goldautos« auf ihrer Durchreise von Frankreich nach Rußland durch Ketten und andere Hindernisse aufzuhalten, weniger wesentlich, mögen sie auch noch so lebensfrisch sein. Es hat sich mir fest eingeprägt, und ich habe unter ganz verschiedenen Umständen dieselben alten Bilder wiederauftauchen sehen: Der Krieg kam über uns wie ein schreckliches Ungewitter, unbekannt in seinen Ausmaßen, unbekannt in seinen Folgen. Wir hatten nichts, woran wir uns halten konnten. Wir wußten nur, daß die bisher gültigen Regeln und Gewohnheiten unerbittlich beiseite geschoben wurden, und daß nichts uns davor retten könnte.

Die Mehrheit des deutschen Volkes hatte 1914 ein nationalistisches Kriegserlebnis, obwohl Millionen Anhänger der Arbeiterbewegung bis zum Kriegsbeginn im Kampf gegen Nationalismus, Chauvinismus, Imperialismus und ihre aktuellen deutschen Spielarten gestanden hatten. Der Kriegspartei (wenn man einen so vereinfachenden Ausdruck anwenden darf) gelang es, den imperialistischen Krieg im Bewußtsein der Volksmassen als einen nationalen Existenzkampf der deutschen Nation erscheinen zu lassen, dessen Erfolg auf der Einigkeit des deutschen Volkes beruhe. Die katastrophale Folge, die der Verrat der führenden Kreise der Sozialdemokratie an den einst von ihnen selbst beschworenen Prinzipien des Internationalismus der sozialistischen Arbeiterbewegung und der aus ihm erwachsenden Pflicht zum konsequenten Kampf gegen die den Imperialismus im eigenen Land verkörpernden Klassen hatte, war die Auslieferung breiter und im Grunde genommen dem Fortschritt zugetaner Volksschichten an eine nationalistische Ideologie, das Werkzeug des deutschen Imperialismus. Statt daß die organisierte Arbeiterschaft durch ihren Kampf gegen die Umfälschung des imperialistischen Kriegs in einen na-

tionalen Existenzkampf den breiten werktätigen Volksschichten den Weg zur Befreiung aus der Umklammerung durch die parasitären finanzkapitalistischen und feudal-aristokratischen Elemente gebahnt hat, tauchte sie selbst in dem zu imperialistischen Eroberungszwecken angerührten nationalistischen Einheitsbrei unter. Daß die historischen Besonderheiten, die der Entwicklung Deutschlands zu einem Nationalstaat und dem Zusammenschluß der verschiedenen deutschen Volksstämme zu einer Nation das Gepräge gegeben haben, nach dem Versagen der Arbeiterbewegung das Zustandekommen eines nationalistischen Kriegserlebnisses dieser Art begünstigen mußten, versteht sich beinahe von selbst. Eine unter so viel Schwierigkeiten geeinte Nation mit einem relativ jungen, schnell zu Kräften gekommenen Nationalstaat unterliegt, wenn sie das Gefühl hat, ihr erst kürzlich mit Mühe zustande gekommenes Werk sei bedroht, zweifellos leichter einem nationalistischen Rausch, als eine schon gefestigtere und gewissermaßen erfahrenere.
Im Laufe der Kriegsjahre wurde dieses Erlebnis von 1914 freilich durch stärkere Erlebnisse in den Hintergrund gedrängt. Opfer, Entbehrungen, Leistungen, die auf den einzelnen, den Familien und – wie es ihnen wieder zum Bewußtsein kam – den werktätigen Volksschichten besonders lasteten, respektive von ihnen gefordert wurden, prägten nun jene besonderen Kriegserlebnisse, die schließlich zu den Gedanken führten, mit denen am Ausgang des Krieges die meisten mehr oder weniger klar dem Frieden entgegengegangen waren. (Seite 155) Nachdem

aber – wie schon gezeigt worden ist – die Nachkriegsjahre mehr und mehr Enttäuschungen, doch keine prinzipielle Neuaufrichtung des Volkes gebracht hatten, erwies sich, unter dem Einfluß einer zielbewußten ideologischen Bearbeitung, das alte nationalistische Kriegserlebnis als stark und elastisch genug, um nicht nur eine Auffrischung zu vertragen, sondern auch in Verbindung mit anderen Faktoren zur Erzeugung einer für den Nationalsozialismus notwendigen gesamtnationalen Legende beizutragen. Aus dem Kriegserlebnis von 1914 wurde nun allmählich der Hintergrund eines neuen Massenerlebnisses, der, grob umrissen, folgende Züge aufwies:

> Die Erinnerung an die eigenen (oder familiären) und gemeinsamen Opfer, Entbehrungen, Leistungen während des Krieges verschmolz mit der Erinnerung an die gehobene Stimmung eines einigen Volkes von 1914, und in der Vorstellung breiter Massen entsprachen den Opfern, Entbehrungen und Leistungen des in der Verteidigung seiner Existenz einigen Volkes weder die ihm von den Siegern zugewiesene Rolle noch seine innere Zerrissenheit. Dies um so weniger, als Deutschland im eigentlichen Kriege selbst militärisch von Erfolg zu Erfolg geeilt, im Felde unbesiegt gewesen und nur durch die Überzahl von Feinden, die dazu noch die unritterliche Form des Aushungerungskrieges angewandt hätten, in Verbindung mit dem Dolchstoß von Feinden im Innern schließlich zum Niederlegen der Waffen gezwungen gewesen sei. Die

> Feinde Deutschlands aber hätten auch nach dem Krieg bewiesen, daß sie unfähig zur Reorganisation der Welt seien, denn das wirtschaftliche Durcheinander, das durch das Versailler System nur verschlimmert worden sei, werde ja nicht einmal in den Siegerländern selbst bemeistert.

Es muß vorerst dahingestellt bleiben, was an dieser Vorstellung den Tatsachen entsprochen hat und was nicht. Zunächst ist es von Bedeutung, festzuhalten, daß das nationalistische Kriegserlebnis von 1914 wieder zu einem Faktor im Bewußtsein von größeren Teilen des Volkes wurde. Das war in diesem Umfang und auf diese Weise nur möglich, weil der Krieg in Deutschland selbst nicht durch eine Abrechnung mit den für ihn Verantwortlichen im eigenen Lande abgeschlossen worden ist. Wäre das geschehen, so hätte damit dieser Krieg für das deutsche Volk den Charakter des letzten aus kapitalistisch-imperialistischen Gründen geführten Krieges erhalten und als solcher seinen festen Platz in der Geschichte des Volkes und in seinem Bewußtsein zugewiesen bekommen. Dadurch wäre auch – was hier nur kurz erwähnt sei – die sozialistische Arbeiterbewegung rehabilitiert worden, während sie nun in sich selbst gespalten blieb und im Laufe der Nachkriegsjahre von der Partei der extremen Reaktion sogar in die Defensive gedrängt worden ist. Statt daß das nationalistische Kriegserlebnis von 1914 durch die Erfahrungen der schweren Kriegsjahre endgültig überwunden wurde, wie es am Ausgang des Krieges möglich schien und war, dienten nunmehr die Erinnerungen an die schweren Kriegsnöte umgekehrt zur festen Verankerung jenes wieder wachgerufenen Kriegserlebnisses im Bewußtsein mancher Volksteile, wodurch es seine Bedeutung für die Gestaltung der Zukunft der Nation erhielt. Bevor diese Funktion des Kriegserlebnisses im Rahmen der von der NSDAP gebildeten Versailles-Legende abschließend dargestellt werden kann, muß in aller Kürze auseinandergesetzt werden, welche tatsächliche Bedeutung der Versailler Vertrag für das Aufkommen und die Entwicklung des Nationalsozialismus gehabt hat.

Beeindruckt von der in relativ kurzer Zeit durch den Nationalsozialismus vollzogenen deutschen Aufrüstung und dazu entrüstet über die grausamen Bedingungen, die den Völkern der okkupierten Länder durch die nationalistische Okkupationsmacht auferlegt worden sind, haben manche Gegner des Nationalsozialismus außerhalb Deutschlands erklärt, der Friedensvertrag von Versailles sei zu wenig effektiv oder zu milde gewesen, weil er weder die Wiederaufrüstung Deutschlands habe verhindern noch das deutsche Volk zu einer humaneren Gesinnung und Handlungsweise habe erziehen können. Umgekehrt pflegen seit Jahr und Tag die Nationalsozialisten selbst und ihre Förderer im Ausland die Härte des Versailler Vertrags und die dem deutschen Volk durch ihn verursachten Leiden zu brandmarken, um dadurch alles, was der Nationalsozialismus gegen andere Völker unternommen hat, als bloße Wiedergutmachung der durch Versailles angerichteten Schäden zu entschuldigen und die Gegner des Nationalsozialismus moralisch ins Unrecht zu versetzen.

Daß die NSDAP im Kampf um die Staatsmacht in Deutschland den Versailler Vertrag in das Zentrum ihrer Agitation stellte, und daß sie die Agitation gegen den Versailler Vertrag zum schärfsten innenpolitischen Kampfinstrument machte, ist im Rahmen der Charakteristik der nationalsozialistischen Massenbeeinflussungsmethoden schon gezeigt worden. Wenn nun dieses so umstrittene Thema hier noch etwas eingehender behandelt werden soll, so geschieht es nur, um verständlich zu machen, welche tatsächlichen Voraussetzungen die Bildung der nationalsozialistischen Versailles-Legende begünstigt haben. Denn das sei vorweg gesagt – und es sei damit noch unterstrichen, was am Anfang dieses Abschnitts grundsätzlich über den Versailler Friedensvertrag geschrieben worden ist: Das Problem »Versailles« wird nicht dadurch gelöst, daß man die Nationalsozialisten wegen ihrer unter Ausnutzung des Versailler Vertrags betriebenen Volksverhetzung anprangert und sich über sie entrüstet. – Tatsächlich konnten die Nationalsozialisten eine Versailles-Legende schaffen, weil der Versailler Vertrag in Deutschland wesentlich zur Entwicklung der Nachkriegsmisère beigetragen hat, und weil die demokratischen Kräfte sich außerstande erwiesen haben, durch rücksichtslose Eingriffe und durch eine schöpferische Aufbaupolitik trotz der durch Versailles gesetzten Grenzen der Ausnützung des Versailler Vertrags zur systematischen nationalistischen Volksverhetzung den Boden zu entziehen. Uns wird zunächst der erste der beiden Gründe beschäftigen.
Auch wenn wir von der Agitationsliteratur der Nationalso-

zialisten absehen, bleibt die kritische Literatur über den Vertrag von Versailles sehr umfangreich. Die zwei Hauptangriffe gegen das Vertragswerk und das auf ihm begründete System internationaler Beziehungen sind: 1) Daß es die Ursachen des Krieges nicht beseitigte, sondern sie beibehielt und sogar sie zu stabilisieren suchte; 2) daß es ihnen neue Kriegsursachen hinzufügte. – Diese so zugespitzten Angriffe gegen Versailles klingen jetzt vielleicht manchem einseitig oder übertrieben. In Wahrheit aber kann Versailles nur so richtig charakterisiert werden. Was nämlich direkt oder indirekt zur Verhinderung eines neuen Krieges geschah – respektive festgelegt wurde –, war rein äußerlicher Natur oder enthielt in sich schon wieder Triebkräfte zu neuen kriegerischen Konflikten. Beides gilt auch für die Bestimmungen über die Entwaffnung und die Beschränkung der Militärmacht Deutschlands. Im Rahmen eines Systems zur internationalen Zusammenarbeit der Staaten muß eine einseitige Entwaffnung und einseitige Kontrolle unweigerlich zu geheimen Gegenmaßnahmen, zur Umgehung der einschränkenden Bestimmungen mit dem Ziel der Wiederaufrüstung und Revanche führen, solange dieses System zur Erhaltung einer bevorrechteten Stellung der Sieger aufrechterhalten wird. Wenn im unterlegenen Land die konsequent demokratischen Kräfte die Regierungsmacht übernehmen und, gestützt auf den Willen des Volkes, durch eine sozial ausgerichtete Politik die Kriegsschäden so weit wie möglich ausgleichen, so werden sie zu gegebener Zeit an die übrigen Völker appellieren, um Gleichberechtigung, d. h. die

Aufhebung der einseitigen Bestimmungen zu erreichen. Es ist denkbar, daß es dabei zu Auseinandersetzungen, ja zu Zusammenstößen mit den Siegermächten kommt, wenn diese hartnäckig auf der Beibehaltung der Bestimmungen beharren, durch die sie sich eine privilegierte Stellung gegenüber dem Unterlegenen erworben haben. Wenn aber, wie es in Deutschland der Fall war, die demokratischen Kräfte nicht durch eine großzügige Nachkriegspolitik das Volk zu einigen und die Kriegsschäden auszugleichen vermögen, dann entsteht unweigerlich die Gefahr einer Konzentration der politischen Energien auf die Revanche. In diesem Fall wird das, was im anderen Fall als Willensäußerung auf der Linie des nationalen Selbstbestimmungsrechts erfolgt, zu gegebener Zeit als nationalistische, expansionistische Erruption zutage treten. Diese Linie nahm die Entwicklung in Deutschland.

Selbst wenn keiner der über 400 Paragraphen des Vertrags von Versailles unmittelbar oder mittelbar alle Glieder des deutschen Volkes gleichmäßig belastete und zeitweilig ganze Partien des Vertragswerkes große Teile des Volkes uninteressiert ließen, so hat doch die Gesamtheit der Bestimmungen schließlich bei einem großen Teil der Bevölkerung die Stimmung hervorgerufen, die der nationalsozialistischen Bearbeitung günstig war. Die Bestimmungen über die Tribut- oder Reparationszahlungen haben von Anfang an wohl die breiteste und einheitlichste Reaktion ausgelöst. Für die Mehrzahl der Bevölkerung waren die Nachkriegsjahre entbehrungsreiche Jahre. Die Einkommen der meisten waren schmal, und ihre Kaufkraft war gering. Wenn sie sich nun vergegenwärtigten, daß Milliardenbeträge auf Jahrzehnte hinaus wie eine unausweichliche Steuer als Reparationskosten abzuführen waren, so stellte sich leicht die Auffassung ein, daß man doch eigentlich zu einem großen Teil nur für die sogenannten Reparationen arbeitete. Daß Inflation, Entwertung der Sparguthaben, Konkurse und alle damit verwandten Nachkriegserscheinungen, die eine Folge des zerrütteten Wirtschaftssystems waren, als Folgen der Deutschland aufgebürdeten Zahlungen und Lieferungen betrachtet wurden, ist weder verwunderlich noch ganz unrichtig. Daß die Unübersichtlichkeit der ökonomischen Verhältnisse, die mit der Unübersichtlichkeit der zu leistenden Zahlungen und Sachlieferungen im Einklang stand, die wirtschaftliche Initiative nicht gerade förderte, bedarf wohl keiner weiteren Erläuterung. Daß an Stelle einer möglichst planmäßigen, das Gesamtwohl so weit wie möglich berücksichtigenden Wirtschaftspolitik (die freilich in wirklich gesundem und konsequentem Sinne nur auf sozialistischer Grundlage möglich gewesen wäre) krankhafte und verzerrte Konjunkturnutznießung um sich griff, die einzelnen mitunter Riesengewinne brachte, gegen die sich das niedrige Einkommensniveau der breiten Volksschichten nur um so deutlicher abhob, trug nur noch zur Erbitterung bei. Durch die im Versailler Vertrag enthaltene Feststellung der angeblichen Alleinschuld Deutschlands am Krieg war der Entwicklung der Erbitterung über die verworrenen ökonomischen Verhältnisse von vornherein eine bestimmte Richtung gegeben. Es bedurfte nicht erst der speziellen nationalsozialistischen Agitation, um die Behauptung von Deutschlands alleiniger Kriegsschuld von fast allen Seiten als tendenziöse Zweckbehauptung empfunden werden zu lassen, die man der böswilligen Absicht zuschrieb, die deutsche Nation in den Augen der ganzen Menschheit zu diskriminieren. Selbst in den Kreisen des Volkes, die durch ihre politische Überzeugung gegen die Infektion durch Revanchegelüste gefeit waren, übte die Kreigsschuldbestimmung insofern eine negative Wirkung aus, als sie das Gefühl einer durch Beleidigung erzwungenen Resignation hervorrief. Statt daß man den Prozeß der inneren Klärung förderte, statt daß man die Isolierung der tatsächlich am Kriege Schuldigen von den breiten Volksschichten erzielte, begünstigte man umgekehrt durch die Kriegsschuldbestimmung die Verwischung der Spuren der wirklich Mitschuldigen und trieb das ganze Volk zu einer Art von Solidarisierung. Fast jeder fühlte sich durch die Behauptung von der alleinigen Kriegsschuld Deutschlands persönlich zu Unrecht beschuldigt. Denn natürlich sagte jeder von sich: Was habe ich denn mit dem Kriegsausbruch zu tun? Ich wollte in Ruhe und Frieden für meine Familie arbeiten und dafür sorgen, daß meine Kinder vorwärts kommen im Leben. Aber man hat uns ja nicht in Ruhe gelassen. – Ich meine, daß das Scheitern des Versuchs, 1926 eine entschädigungslose Enteignung der Vermögen und Besitztümer der Fürstenhäuser durch Volksentscheid herbeizuführen, in der Hauptsache auf die durch die Kriegsschuldbestimmung hervorgerufene gefühlsmäßige nationale Reaktion zurückzuführen ist. Wohl mögen außerdem traditionelle monarchistische Sympathien und die Abneigung der bürgerlichen und bäuerlichen Schichten gegen Enteignung eine Rolle gespielt haben, doch die sozusagen instinktive Solidarisierung mit den oft besonders der Kriegsschuld geziehenen Fürstenfamilien gegenüber einem Angriff hat gewiß hauptsächlich dazu beigetragen, daß die zum Volksentscheid im Sinne des Vorschlags notwendige gesetzlich festgelegte Stimmenzahl nicht zusammengekommen ist. – Die Kriegsschuldbestimmung war ganz besonders geeignet, das nationalistische Kriegserlebnis von 1914 wieder wachzurufen und eine nationalistische Reaktion zu erzeugen. Ja, durch die einseitige Festlegung der Kriegsschuld versteifte man sich andererseits richtig in die Verteidigungs- und Existenzkampf-Behauptung und wurde noch viel weniger als vorher geneigt, die tatsächlichen Ursachen des Krieges zu erkennen.

Eine dritte Art von Bestimmungen des Versailler Vertrags, die von vornherein allgemeinere Ablehnung und Mißstimmung hervorrief, waren die Bestimmungen, durch die Grenzgebiete mit deutscher Bevölkerung vom Reich abgetrennt wurden, um dem angrenzenden Land einverleibt oder einer speziellen Verwaltung unterstellt zu werden. In diesen Zusammenhang gehören die indirekten Auswirkungen des Versailler Systems, durch die es deutschsprechenden Bevölkerungsteilen in angrenzenden Ländern unmöglich gemacht wurde, sich auf dem Wege des nationalen Selbstbestimmungsrechts dem Deutschen Reich anzuschließen. Daß die »innere

Abwehr« gegen diese Gruppe von Bestimmungen nicht künstlich erzeugt war, daß sie nicht von vornherein als identisch mit chauvinistischen Revanchebestimmungen oder sogenannten großdeutschen Expansionstendenzen zu betrachten war, soll besonders betont werden. Der polnische Korridor wurde auch von solchen Deutschen, deren politische Ansichten keinerlei Berührungspunkte mit dem Chauvinismus der Nationalsozialisten und Deutschnationalen aufwiesen, als ein Pfahl im Fleisch der deutschen Nation empfunden. Wie die breiten Volksschichten auf die 1923 erfolgte militärische Besetzung des Ruhrgebiets reagierten, ist allgemein bekannt. Daß die von französischer Seite unternommenen Versuche, durch die Förderung separatistischer Putschisten Teile des Rheinlands und Südwestdeutschlands vom Reich zu trennen, an dem einmütigen Widerstand der Bevölkerung gescheitert sind und daß bei den bewaffneten Auseinandersetzungen sich z. B. kommunistische Arbeiter in der Abwehr der Separatisten ausgezeichnet haben, soll um so mehr in Erinnerung gerufen werden, als die Führung der NSDAP 1923 aus innerpolitischen Gründen sich ausdrücklich gegen die einheitlichen nationalen Abwehrhandlungen stellte. – Die Bestimmungen von Versailles, durch die territorielle Abtretungen an Nachbarländer verfügt wurden, ohne daß die Bevölkerung Gelegenheit zu einer Abstimmung erhalten hatte, bedurften nicht etwa erst einer Bearbeitung durch nationalsozialistische Agitation, um zum Gegenstand nationaler Ablehnung zu werden. Die Widerstandshandlungen, durch die die vom Reich abgetrennte Bevölkerung des Saargebiets sich gegen Übergriffe von Besatzungsorganen zur Wehr setzte, standen im Zeichen der großen Streikbewegungen der freigewerkschaftlich und christlich organisierten Arbeiter. Der Märtyrer der Abwehrfront an der Saar war ein von den französischen Truppen erschossener Arbeiter, der Mitglied der Unabhängigen Sozialdemokratischen Partei gewesen ist. Noch die Abstimmung, durch die 1935 die Mehrheit der Saarbevölkerung sich für die Wiedereingliederung ins Reich entschied, zeugte davon, daß die Ablehnung der Lostrennung von Deutschland und der Wille, wieder mit Deutschland vereinigt zu sein, elementare Reaktionen der von den Versailler Abtrennungsbestimmungen unmittelbar betroffenen Bevölkerung waren. Im Saargebiet hatte die NSDAP als politische Partei keinen Fuß fassen können. Sie entwickelte deshalb die Taktik, alle für die Wiedereingliederung eintretenden Kräfte der Saarbevölkerung in einer überparteilich geleiteten »Deutschen Front« zusammenzufassen. Nachdem durch die Machtergreifung des Nationalsozialismus in Deutschland eine neue politische Lage entstanden war, appellierten die sozialdemokratisch und kommunistisch orientierten Arbeiterorganisationen an die Bevölkerung, sie möge sich, unbeschadet ihres grundsätzlichen Willens zur Wiedervereinigung mit Deutschland, für die Beibehaltung des Status quo aussprechen, solange das nationalsozialistische Regime in Deutschland herrsche. Sozialdemokraten und Kommunisten wollten so verhindern, daß die Bevölkerung des Saargebiets selbst unter nationalsozialistische

Herrschaft käme und daß das nazistische Regime in Deutschland und international die Entscheidung der Bevölkerung zur Wiedervereinigung mit Deutschland als ein Vertrauensvotum für den Nationalsozialismus auszugeben vermöchte. Obwohl, wie gesagt, die NSDAP selbst im Saargebiet nicht hatte Fuß fassen können, und obwohl in der vorwiegend katholischen Bevölkerung die Verfolgung und Unterdrückung der katholischen Organisationstätigkeit durch die nationalsozialistischen Behörden im Reich mißbilligt wurde und Anlaß zu Protesten gab, entschied sich diese Bevölkerung dennoch für den Anschluß an Deutschland. Bedeutende örtliche Organisationen des großen christlichen Metallarbeiterverbandes, dessen zentrale Delegiertenversammlung in der kritischsten Zeit zweimal mit mehr als Zweidrittelmajorität nationalsozialistische Spaltungs- und Gleichschaltungsversuche abgeschlagen hatte, erklärten in Entschließungen gleichzeitig ihre scharfe Ablehnung jeder nationalsozialistischen Gleichschaltung, ihre Dankbarkeit für die Solidarität, mit der ihnen der antifaschistische Selbstschutz gegen die Überfallsdrohungen der SA beigestanden hatte, und ihre Entschlossenheit, trotzdem für die Wiedervereinigung mit Deutschland zu stimmen. Von ernsten Funktionären dieses einflußreichen Verbandes wurde damals die Auffassung geäußert: Wir werden unseren Kampf für unsere Ideen in Deutschland fortsetzen, auch wenn wir das dann nur unter Opfern und illegal können. Aber gegen die Wiedervereinigung mit dem Reich können wir nicht stimmen. – Als die Ermordung bekannter katholischer Persönlichkeiten, Klausener und Probst, und die Einkerkerung vieler Geistlicher und Jugendführer durch die nationalsozialistischen Behörden im Reich die Bevölkerung des Saargebiets besonders aufregten, und als auch in sonst ganz unpolitischen katholischen Organisationen die Forderung nach kräftigem Protest stark vernehmbar wurde, verbanden die katholischen Führer im Saargebiet in ihren Reden ihre Mißbilligung der Katholikenverfolgung mit der Erklärung: Dennoch werden wir für die Wiedervereinigung mit dem Reich stimmen. Denn wir wollen lieber gemeinsam mit unseren Brüdern im Reich Verfolgung erleiden, als durch den Stempel »Sarrois« im Paß von ihnen getrennt sein. - Diese Argumentation der Katholikenführer wurde von der großen Menge der katholischen Bevölkerung mit einer Art von opferbereitem, begeistertem Mut akzeptiert.

Zeugen diese Beispiele davon, wie apolitisch dieser durch Versailles von Deutschland getrennte Bevölkerungsteil in seinem alles andere überschattenden Gefühl der nationalen Zugehörigkeit zum deutschen Volk war, so zeigen sie doch auch wohl zur Genüge, daß dieses Gefühl nationaler Zugehörigkeit nicht erst vom Nationalsozialismus erzeugt worden ist. (In welchem Maße und auf welche Weise die NSDAP dann dies nationale Gefühl ausnützte, ist eine andere Frage, die uns aber zunächst nicht zu interessieren braucht.) In Danzig, wo die politischen Verhältnisse infolge einer anderen Bevölkerungsstruktur anders war als im Saargebiet, ließ sich übrigens dieselbe Beobachtung machen. Die Bevölkerung dieser vom Reich losgetrennten und mit einem kleinen umgebenden Landgebiet als »Freie Stadt Danzig« unter spezielle Völkerbundsverwaltung gestellten Stadt war in ihrer großen Mehrheit für die Wiedervereinigung mit dem Reich. Zum Unterschied zum Saargebiet hatte die NSDAP in Danzig sich zu einer starken Partei entwickeln können. Als aber beispielsweise 1935, kurze Zeit nach der Saarabstimmung, Wahlen in Danzig stattfanden, ging die NSDAP zwar aus ihnen als stärkste Partei hervor, doch war es ihr nicht gelungen, aus der Wahl eine Art von inoffiziellem Plebiszit für das Regime in Deutschland zu machen. Die anderen Parteien behaupteten sich, die Bevölkerung unterschied in diesem Fall politisch zwischen ihrer grundsätzlichen Überzeugung der nationalen Zusammengehörigkeit mit dem deutschen Volk und der auf der Tagesordnung stehenden Wahl. Die NSDAP, die in diesem Fall versucht hatte, ein durch die Entscheidung von Versailles ausgelöstes kämpferisches nationales Gefühl ohne weiteres für ihre Parteiziele mit Beschlag zu belegen, erlitt einen Mißerfolg, und es bedurfte noch erst ganz besonderer Zwischenfälle und einer ganz speziellen Bearbeitung von den zentralen Organen im Reiche aus, um in Danzig die Gleichschaltung durchzusetzen.

Damit darf wohl als klargestellt betrachtet werden, daß drei Arten von Bestimmungen des Versailler Vertrags eine breite, das Volk unmittelbar und ohne Parteiunterschied in Mitleidenschaft ziehende Wirkung ausgeübt haben: Die Bestimmungen über die Reparationszahlungen und -leistungen, die Belastung Deutschlands mit der alleinigen

Kriegsschuld, die Abtrennung von Gebieten mit deutscher Bevölkerung vom Reich.
Den Nationalsozialisten gelang es, sich die Wirkung dieser Versailler Bestimmungen auf einen Teil der Bevölkerung für ihre eigene Parteitätigkeit zunutze zu machen, indem sie die nationalen Gefühle systematisch vergifteten und in chauvinistische und expansionistische Tendenzen verwandelten. Anknüpfend an das beleidigte Nationalgefühl, schürten sie bei den einen die Empörung über die internationale Kontrolle über die Reichseisenbahn, bei den anderen erweckten sie den Protest gegen die Wegnahme der Kolonien, das heißt: Sie popularisierten die Teile des Versailler Vertrags, die sonst nur diesen oder jenen speziell interessierten Kreisen bekannt waren, und begannen systematisch, alles Negative, Verbesserungsbedürftige, Mangelhafte und Schlechte auf Versailles zu beziehen. Dadurch, daß in der Bevölkerung überhaupt eine echte Mißstimmung gegen den Vertrag vorhanden war, erhielt die NSDAP eine gewisse Resonanz für ihre Anti-Versailles-Argumentation auch in den Bevölkerungskreisen, die sich nicht chauvinistisch verhetzen ließen. Wenn sie sich so einen gewissen Nymbus als besonders energische Verfechterin nationaler Interessen auch in Kreisen verschaffte, die ihr sonst ablehnend gegenüberstanden, so diente dies in nicht zu unterschätzendem Maße der Neutralisierung dieser Kreise und legte Grund für die aggressive Politik der NSDAP als Regierungspartei.
Daß die latente Mißstimmung über die Kriegsschuldfrage, die Abtrennungen und die unübersichtlichen

Reparationsleistungen letzten Endes der Partei zugute kommen mußte, die es verstand, als die entschiedenste Gegnerin des Versailler Systems mit dem meist erfolgversprechenden eigenen System der Bekämpfung von Versailles in Erscheinung zu treten, ist leicht zu verstehen. Die großen bürgerlichen Parteien aber hatten sich in dieser Beziehung alle mehr oder weniger als »Erfüllungsparteien« kompromittiert, abgesehen davon, daß ihre allgemeine Politik, als nur irgendwelchen engen Interessentenzirkeln dienend, von den breiten Volksschichten abgelehnt wurde. Die Sozialdemokratie war in den Augen der bürgerlichen, mittelständlerischen und großenteils auch der bäuerlichen Schichten geradezu die Hauptschuldige an Deutschlands Unterwerfung unter die Bedingungen von Versailles. Die von Anfang an sehr scharfe ablehnende Haltung der Kommunisten gegen Versailles vermochte außerhalb der Arbeiterschaft nicht die allgemein gegen diese Partei herrschende Abneigung auszugleichen oder zu verdrängen. Übrigens wäre es ein Mißverständnis, zu meinen, es wäre auf eine mehr oder weniger zugkräftige Agitation gegen Versailles angekommen. Nein, in den Augen der Anhänger der NSDAP – wie auch ihrer passiveren Unterstützer – kämpfte die NSDAP praktisch gegen Versailles. Diesen Eindruck rief eben das Massenbewegungssystem dieser Partei hervor, wie es an anderer Stelle beschrieben worden ist. Wollten die Gegner der NSDAP also verhindern, daß diese Partei allgemein als die gegen die Ungerechtigkeit von Versailles kämpfende Kraft angesehen wurde und daß dieser »Kampf« in den

Mittelpunkt des allgemeinen Interesses rückte, so bedurfte es dazu einer konstruktiven Politik, einer den Frieden gestaltenden Politik, durch die so durchgreifende Änderungen erzielt worden wären, daß sich die Energien der Volksmehrheit übereinstimmend auf den Aufbau aus eigenen Kräften zum Wohle des Volksganzen gerichtet hätten, statt zersplittert und teilweise für die Vorbereitung der expansionistischen Revanche ausgenützt zu werden.

Mit all dem ist – das sei ausdrücklich betont – nicht gesagt, daß in Deutschland von Anfang an eine auf Revanche, großdeutsche Expansion und Vorbereitung zum Kampf um die Neuaufteilung der Erde gerichtete Volks- und Massenstimmung vorhanden war. Eine solche Schlußfolgerung könnte aus dem Dargelegten nur gezogen werden, wenn man die Absicht hätte, das deutsche Volk als notorisch chauvinistisch und imperialistisch abzustempeln. Nein, es soll nur sachlich darauf aufmerksam gemacht werden, welcher natürlichen nationalen Gefühlsregungen sich der Nationalsozialismus bemächtigen konnte, um sie in seinem aggressiven Sinne umzuformen. Daß sich neben diesen natürlichen nationalen Regungen in Deutschland von Anfang an aggressive, auf Vergeltung und Wiederaufnahme des Kampfes um die Herrschaft in Europa und in der Welt gerichtete entwickeln, die im Volke vorhandenen nationalen Gefühle beeinflussen und sich unterordnen konnten, ist aus der Tatsache zu erklären, daß die gesellschaftliche Struktur Deutschlands trotz aller politischen Veränderungen nach dem Kriege die gleiche war wie vor dem Kriege. Auf dem Boden derselben

kapitalistischen Ordnung, die den Krieg hervorgebracht hatte, entwickelten sich die Elemente, die nach dem Mißerfolg günstigere Voraussetzungen zu einer neuen Auseinandersetzung zu schaffen trachteten.
1923 erlebte ich selbst, wie die als nationale Aufklärung getarnte nationalistische Agitation sich auch in den Reihen der sozialistischen Arbeiterbewegung auszubreiten suchte. Ein Jungsozialist und Mitglied der Sozialistischen Arbeiter-Jugend, den ich auf einer Wanderung durch Franken kennengelernt hatte, und der die Jungsozialisten-Tagung in Erlangen besucht hatte, die von den Auseinandersetzungen um den von Karl Bröger und anderen vertretenen nationalistischen Kurs beherrscht war, verbreitete selbst intensiv die Schriften des »Verbandes gegen die Kriegsschuldlüge«. – Auch auf die Gefahr hin, zu breit zu werden, möchte ich hier noch kurz ein kleines persönliches Erlebnis schildern, das mir sehr frühzeitig die Augen für die Bedeutung volkstümlicher nationaler Gefühle öffnete. 1924 hatte ich zusammen mit Freunden eine Wanderung ins Böhmische Mittelgebirge unternommen. Es waren die stillen Tage zwischen Weihnachten und Neujahr. Wir hatten uns schon frühzeitig am Nachmittag in der gemütlichen Gaststube eines Dorfwirtshauses niedergelassen, hatten die Dämmerung mit Gespräch und Gesang verbracht und nach dem Abendbrot einige Gedichte und schöne Prosa gelesen. Die freundlichen Wirtsleute, die uns ganz nach unserem Ermessen wirtschaften und die Räumlichkeiten benützen ließen, hatten am Abend, auf der anderen Seite der um den großen Ofen lau-

fenden Bank, also um die Ecke, sitzend, unbemerkt und still unseren Vorlesungen und den Liedern zugehört. Als wir unser Nachtlager aufsuchen wollten und Gute Nacht wünschten, bemerkten wir, daß beide geweint hatten. Der Wirt bedankte sich für den schönen Abend, den wir ihnen mit bereitet hätten, und allmählich erfuhren wir, daß die alten Leute zwei Söhne, die im österreichisch-ungarischen Heer gedient hatten, durch den Krieg verloren hatten. Nun waren sie an diesem Abend durch uns junge Leute schmerzlich an die verlorenen eigenen Kinder erinnert worden. Doch war es nicht das allein. Ganz ungekünstelt sagte uns der freundliche Mann, daß es uns wohl schwerfallen würde, richtig zu verstehen, was sie durch unsere Vorlesungen und Lieder in deutscher Sprache erlebt und geschenkt bekommen hätten. Sie seien doch auch Deutsche, müßten sich aber in einem fremden Land als Bürger zweiten Grades behandeln lassen. Es waren nur wenige Sätze, in denen uns der Mann zu erklären versuchte, daß und wie er sich mit uns als Deutschen verbunden fühlte, und daß es ein Unglück sei, daß eine Grenze sich zwischen uns befinde. Das war keine Agitation, keine politische Erklärung – es war ganz schlicht berichtet, so wie es wohl empfunden wurde. Wir, die wir auf der anderen Seite der Grenze, etwa 30 Kilometer von ihr landeinwärts, wohnten, hatten uns bis dahin keine solchen Gedanken um diese Menschen gemacht. Wir waren weit entfernt von irgendwelcher nationalistischen Tendenz. In den folgenden Tagen, besonders am Neujahrsabend auf dem Rosenberg, haben wir selbst bemerkt, welches andere, engere als sonst bei uns zu Hause übliche Verhältnis zwischen den uns doch unbekannten Menschen und unserer kleinen Gruppe entstand, wenn wir deutsche Lieder sangen. Obwohl wir unsere politische Überzeugung gar nicht verhehlten und die Menschen, die wir so trafen, keineswegs aus politischen Gründen mit uns sympathisierten, ergab sich immer ein besonders freundschaftliches Verhältnis.

Als die NSDAP ihre Versailles-Legende schuf, waren ihr – genauer gesagt: den Initiatoren – die durch die Versailler Friedensbedingungen hervorgerufenen persönlichen Leiden und Schicksale sehr gleichgültig. Das bewies sie 1923 durch ihre separatistische und feindliche Haltung gegen die einheitliche Abwehrfront an Rhein und Ruhr. Das hat Hitler mit brutaler Deutlichkeit bezüglich der Südtiroler in seinem Buch zum Ausdruck gebracht. Das zeigte sich schließlich in der Gesamttendenz ihrer praktischen Politik. Die NSDAP erkannte aber frühzeitig die enorme Bedeutung einer systematischen Ausnützung des Versailler Vertrags zur Zuspitzung des innerpolitischen Kampfes um die Macht. Sie sah die großen Möglichkeiten zur Ausbeutung ursprünglicher nationaler Gefühle für chauvinistische Verhetzung und für die Schaffung der Sinnesverfassung, die für die etappenweise Aggression gebraucht wurde. Deshalb schuf sie die Versailles-Legende, in der das wieder zum Leben erweckte Kriegserlebnis von 1914 so umgewandelt wurde, daß es zur Bildung jener für die Aggression nützlichen Sinnesverfassung zu dienen vermochte. Mit groben Strichen markiert, sah die Grundlage dieser Verfassung etwa so aus: Wir sind eine Nation, der man das Leben nicht gönnt und die von den reichen Nationen dafür bestraft wird, daß sie sich 1914 nicht ohne Gegenwehr zu Boden werfen ließ. Aber wie wir 1914 in der Stunde der Gefahr unsere Zwistigkeiten vergaßen und ein einiges Volk in Waffen wurden, das sich gegen eine Übermacht behauptet hat und im Felde unbesiegt geblieben ist, so müssen wir nun uns um den Führer einigen, der 1914 einer aus dem Volke war, den Krieg vorn miterlebt hat und weiß, wodurch wir 1918 zu Boden geworfen worden sind. – Auch wenn die zuletzt angedeutete Konsequenz nicht gezogen wurde, diente das Übrige doch in passiver Bereitschaft mittelbar den Zwecken der NSDAP. Wie es dieser ja überhaupt nicht darauf ankommen mußte, Millionen im einzelnen überzeugter und übereinstimmender Individuen zu bekommen, sondern durch ihre eigenen Parolen einen Teil direkt mitzuziehen, bei einem anderen Teil aber verschieden graduierte Zustimmung bis zum passiven Gewährenlassen hinunter hervorzurufen. Das Gefühl, es rege sich wieder eine Kraft, die an Stelle der Zerfahrenheit und Zerrissenheit wieder – nur diesmal wirklich von Grund auf und fest – eine Einigkeit schaffen werde, wie man sie 1914 nur vorübergehend kennengelernt hatte, dieses Gefühl hat die NSDAP bewußt hervorgerufen und genährt. Dazu dienten ihr in wesentlichem Maße das Kriegserlebnis, das hier zu charakterisieren versucht worden ist, und die auf ihm aufgebaute Versailles-Legende, zu deren Bildung einige echte volkstümlich nationale Gefühle durch systematische Bearbeitung und Umfälschung mit beigetragen haben.

Die soziale Frage in den Nachkriegsjahren

Während des Krieges war es auf beiden kriegführenden Seiten vielen Menschen zum Bewußtsein gekommen, daß zwar Diplomatie, Militarismus und Chauvinismus ihren Teil zu den unmittelbaren Kriegsursachen beigetragen hatten, daß aber dieser Krieg letzten Endes ein Erzeugnis der kapitalistisch-imperialistischen Gesellschaftsordnung war, und daß die Gesellschaftsordnung, die ein so furchtbares Blutbad und eine so grauenvolle Zerstörung hervorgerufen hatte, überreif zu einer grundlegenden Veränderung geworden war. 1917 stürzten die revolutionären Arbeiter, Bauern und Soldaten Rußlands das Regime des despotischen Zarismus, verjagten die kapitalistischen und junkerlichen Ausbeuter und errichteten die Herrschaft der von den Werktätigen gewählten Sowjets, deren Aufgabe es wurde, Land und Volk mit Hilfe der vereinten Anstrengungen aller Werktätigen aus der vom Zarismus und Kapitalismus herbeigeführten Katastrophe zum Sozialismus, zu Wohlstand und Freiheit, zu führen. Das heroische Beispiel des Proletariats und der armen Bauern Rußlands erleuchtete den klassenbewußten Arbeitern aller Länder den Weg, der aus kapitalistisch-imperialistischem Chaos zur neuen Gesellschaftsordnung führt. Als endlich 1918 die Kriegsmacht Deutschlands und Österreich-Ungarns, keiner weiteren Anstrengungen mehr fähig, den durch den Einsatz der Vereinigten Staaten von Amerika außerordentlich gestärkten Alliierten unterlag und die bisherigen politischen Herrschaftssysteme in beiden Ländern zusammenbrachen, versuchten in verschiedenen Teilen Deutschlands und des auseinandergefallenen Österreich-Ungarn revolutionäre Arbeiter und Soldaten die Herrschaft von Räten der Arbeiter, Bauern und Soldaten zu errichten, um die kapitalistische Ausbeutung zu beseitigen und die Gesellschaftsordnung des Sozialismus aufzubauen. Auch in anderen europäischen Ländern, in denen es nicht zu so weitgehenden Versuchen kam, war doch im Anschluß an den Krieg ein starkes Ansteigen der revolutionären, gegen den Kapitalismus gerichteten Arbeiterbewegung zu erkennen. Der Krieg hatte die proletarische Revolution auf die Tagesordnung gebracht. Dem entgegen versuchten die Repräsentanten der herrschenden kapitalistischen Klassen der Siegerländer, durch das Versailler Friedenssystem die alte Gesellschaftsordnung auf Kosten der Besiegten zu stabilisieren. Wie und um welchen Preis es ihnen gelungen ist, das zeigt am drastischsten die furchtbare Tatsache des Zweiten Weltkrieges, der zwanzig Jahre nach der Versailler Friedensschöpfung offen zum Ausbruch kam, nachdem er schon Jahre vorher durch räuberische Überfälle auf schwächere Länder und unverhüllte imperialistische Annexionen faktisch eingeleitet worden war.

Seitdem die kapitalistische Gesellschaftsordnung, die auf

der Ausbeutung der menschlichen Arbeitskraft durch die auf die Erzielung von Profit gerichtete Wirtschaft beruht, sich zum Imperialismus entwickelt hat und die in ihrem Drang nach Ausdehnung, Durchdringung und Beherrschung von Interessensphären und nach Hegemonie einander entgegenwirkenden und störenden imperialistischen Staaten und Staatengruppen immer häufiger in Konflikt geraten, ist der Kampf um die Neuaufteilung der Erde zu einer Dauererscheinung geworden. Er wird mit ökonomischen, politischen, diplomatischen und unausweichlich mit immer brutaleren kriegerischen Mitteln geführt.
Der Weltkrieg 1914/18 hat zum ersten Mal die unerhörte Schärfe der dem kapitalistisch-imperialistischen Weltsystem innewohnenden Widersprüche in der Form der zwischen den imperialistischen Staaten bestehenden Gegensätze offenbart. Der Versailler Frieden, der Versuch zur Ausgleichung dieser Widersprüche auf Kosten der Besiegten, bewirkte, daß die Widersprüche des kapitalistisch-imperialistischen Systems mit um so unverminderter Schärfe im besiegten Land zutage traten, sich dort hemmungslos austobten, um schließlich mit konzentrierter Kraft den zweiten Weltbrand zu nähren.
25 Jahre nach dem ersten imperialistischen Weltgemetzel ist man weiter denn je davon entfernt, seine wirklichen Ursachen anzuerkennen. Mitten im Zweiten Weltkrieg, der den ersten in seinen Ausmaßen und zumindest auf der einen Seite auch hinsichtlich der Hemmungslosigkeit des Vernichtungsdrangs noch übertrifft, ertönen aufs neue

und in der Menge gutgemeinte und salbungsvolle Reden über die sogenannte Gewinnung des Friedens, die behutsam jeder Erörterung der tieferen Gründe des Krieges aus dem Wege zu gehen trachten. Als ob der himmelschreiende Bankrott des Versailler Versuchs nur eine Art schlechten Zufalls gewesen wäre! Als ob die jahrelang mit Bedacht und Plan betriebene Akkumulation von Vernichtungswillen und Vernichtungsmitteln, die zwischen dem Ende des Ersten und dem Ausbruch des Zweiten Weltkrieges vor sich gegangen ist, nicht ihren Ursprung hätte im kapitalistisch-imperialistischen Prinzip des Kampfes um die Vorherrschaft zur Erringung der besten Bedingungen zur Ausbeutung der größten Massen menschlicher Arbeitskraft und zur Beherrschung der Märkte und Festsetzung der Preise zum Zwecke des höchsten Profits!
Um so notwendiger – wenn auch um so unpopulärer – ist es, bei einer Erörterung der sozialen Fragen, die sich nach dem Ersten Weltkrieg in Deutschland ergeben haben, die Wahrheit nicht zu scheuen, sondern auszusprechen. Im Zusammenhang mit dem Versuch zur Erklärung der Voraussetzungen zur nationalsozialistischen Machtergreifung ist dies jedenfalls erforderlich. Von liberalistischen Autoren und Politikern, die nicht darüber hinausgekommen sind, die angeblich nur in der kapitalistischen Wirtschaftsordnung prinzipiell gesicherte Freiheit des menschlichen Individuums zu kommentieren, ist die nationalsozialistische Kriegswirtschaft und die ihr zugehörende »Menschenbewirtschaftung« als eine Form eines sogenannten Kollektivismus bezeichnet worden, der

grundsätzlich dem sozialistischen, kommunistischen respektive marxistischen Kollektivismus gleichzustellen sei. In den Reden liberaler Politiker und den Schriften liberaler Schriftsteller hat man Gelegenheit genommen, die gesunde Abwehr gegen die nazistische Vermassung und Militarisierung und die ganz elementare Verteidigung der menschlichen Freiheiten, die sich gegen die nationalsozialistische Massen-Mechanisierung ganz allgemein geltend gemacht haben, zu einer Art Rehabilitierung des kapitalistischen Liberalismus und zu einer Verdammung des ökonomischen Kommunismus respektive Sozialismus auszunützen. Meist machen es sich die Betreffenden herzlich leicht dabei. So ausgemacht für sie die grundsätzliche Übereinstimmung des angeblichen nationalsozialistischen Kollektivismus mit dem Kommunismus respektive Sozialismus ist, so ausgemacht ist es für sie auch, daß der Anfang des Übels in der Befassung des Staates mit Wirtschaft liegt, und manche sind auch schon wieder dabei, gegen staatliche Sozialpolitik zu eifern. An anderer Stelle wird Gelegenheit sein, diese neu-liberale Kritik am Sozialismus, die sich mit einer sozialdemokratisch-reformistischen Kritik am Kommunismus ziemlich weitgehend deckt, zu behandeln. Hier soll nur festgestellt werden, daß, so erfreulich auch immer die Verteidigung der Positionen der individuellen Freiheit gegen die nationalsozialistische Unterdrückung ist, die einfache Auffrischung der ehedem vom bürgerlichen Liberalismus gegen die sozialistische Arbeiterbewegung ins Feld geführten Argumente weder dem Nationalsozialismus wirklich Abbruch zu tun, noch diesen überholten Argumenten selbst nachträglich zur Gültigkeit zu verhelfen vermag. Eine Verteidigung der Positionen der Freiheit bei gleichzeitiger Negierung oder Verkennung der sozialen Fragen ist eine schwache Verteidigung, bei der nur zu oft schon den Feinden der Freiheit (besonders wenn es sich um so skrupellos-raffinierte wie die Nationalsozialisten handelt) große Vorteile zugeschanzt worden sind. In den Büchern Ed. Beneschs, Thomas Manns, W. Lippmanns und anderer, die zur Verteidigung der Demokratie gegen den nationalsozialistisch-faschistischen Ansturm geschrieben wurden, sind die sozialen Fragen durchgängig so behandelt worden, als wären sie zweit- und drittrangig, und als seien sie vielleicht gar über Gebühr aufgebauscht worden. Dadurch haben auch sonst noch so treffende und präzise Gedanken über die Notwendigkeit der Sicherung der Freiheit des menschlichen Individuums von vornherein an Kraft und Rückhalt eingebüßt, und für den wirklichen Kampf mit dem Nationalsozialismus sind sie nicht die zum Sieg führenden Waffen. Doch sollen – wie gesagt – die liberalistischen Gedankengänge an einer anderen Stelle behandelt werden; hier kam es mir nur darauf an, auf die unberechtigte, wenn auch erklärliche, Vernachlässigung der sozialen Fragen seitens dieser ganzen Gruppe von Autoren hinzuweisen und mich von ihnen abzugrenzen.

In Deutschland drängte nach dem Kriege eine Unzahl von Fragen sozialer Natur zur Lösung. Die Zahl war so groß, ihre Lösung durch einzelne Hilfsmittel erschien so unmöglich, und die Gesellschaftsordnung, in der sie ent-

standen waren, war selbst in ihrem Ansehen so diskreditiert, daß breite werktätige Volksschichten laut und vernehmlich den Ruf nach einer radikalen Lösung erhoben. Sie sahen, daß die vielen Fragen im Grunde genommen sich auf eine große soziale Frage zurückführen ließen: Die Notwendigkeit der Aufhebung des privaten Eigentums an den Produktionsmitteln, durch die der Profitwirtschaft ein Ende bereitet und zugleich der Anfang zu einer Arbeit zum Wohle aller gemacht werden kann. In den ersten Nachkriegsjahren suchte die sozialdemokratische Regierungspartei deshalb den Eindruck aufrechtzuerhalten, als sei man am Planen und Vorbereiten großer tiefschürfender Sozialisierungsmaßnahmen. Aber obwohl Sozialisierungskommission, Betriebsräteausschüsse, Reichswirtschaftsrat und andere ähnliche Institutionen durch ihre Bezeichnungen und durch ihr Dasein überhaupt diesen Eindruck im Volk eine Zeitlang tatsächlich hervorgerufen und aufrechterhalten haben, geschah nichts. Die Folge war, daß die unzähligen Einzelfragen – jede für sich und insgesamt – gewaltig anschwollen. Die Sozialpolitik, durch die den am ärgsten ausgewachsenen Schäden von Fall zu Fall abgeholfen werden sollte, blieb in der Erfüllung dieser Aufgabe bald fühlbar hinter dem Wachstum der Schäden und Nöte zurück und wurde zum Zankapfel zwischen den von den Nöten und Schäden am meisten betroffenen Volksschichten und den politischen Exponenten der besitzenden Schichten.
Es sei nun versucht, eine gewisse Übersicht der sozialen Einzelfragen zu geben, die in den Nachkriegsjahren

Schwierigkeiten verursacht und breitere Bevölkerungsschichten betroffen und in Mitleidenschaft gezogen haben. (Ohne Zahlen und vergleichende Gegenüberstellungen ist eine anschauliche und überzeugende Darstellung auf diesem Gebiet zwar recht schwer zu bewerkstelligen, aber der Versuch soll deshalb nicht unterbleiben.)
Da war zunächst und vor allem die Notwendigkeit, die demobilisierten Soldaten in Produktion, Handel, Verkehr und Verwaltung einzureihen. Ihre unmittelbare Wiedereinstellung und Wiederbeschäftigung durch die Arbeitsstellen und in den Berufen, aus denen sie ausgeschieden waren, als sie zum Kriegsdienst einberufen worden waren, machte in einer Vielzahl von Fällen Schwierigkeiten, weil die betreffenden Unternehmen, Erwerbszweige respektive Institutionen durch den Krieg zu Umstellungen oder zur Schließung veranlaßt worden waren, oder auch einfach deshalb, weil die früheren Arbeitsstellen durch neues Personal besetzt waren. Die in der Verwaltung, der Industrie und dem Verkehrs- und Verteilungswesen vorzunehmenden Umstellungen waren ganz erheblich, und ihre Bewerkstelligung wurde durch die Unsicherheit, die bezüglich der Perspektiven der Wirtschaft in den Nachkriegsjahren herrschte, noch kompliziert. Zur besseren Beleuchtung des Fragenkomplexes, den allein die Wiedereinreihung der Demobilisierten in das wirtschaftliche oder sonstige Erwerbsleben bildete, sei hervorgehoben, daß ein Teil der aus dem Kriegsdienst Entlassenen keinerlei vollendete Berufsausbildung besaß, ein anderer Teil vor der Mobilisierung keinen Beruf ausgeübt hatte, wie-

der andere aus einer Schul- oder akademischen Ausbildung herausgerissen worden waren, und daß sich gegen eine Rückversetzung auf die Schulbank oder in ein Lehrlingsverhältnis nach jahrelangem aufreibendem Frontdienst verständlicherweise starker Widerspruch erhob, wie diese Kategorien von Demobilisierten überhaupt bestimmte Ansprüche auf soziale Sicherheit und Geltung ohne Rücksichtnahme auf früher geltende Schul- und Amtsmaßstäbe stellten. Die Behandlung der Eingliederung der durch Verwundungen und Erkrankungen nur noch teilweise Arbeitsfähigen in das Erwerbsleben warf wieder eine ganze Anzahl von Spezialfragen auf. Desgleichen die Unsicherheit in Berufswahl und Berufsausbildung, die sich aus der Undurchsichtigkeit der Entwicklungsmöglichkeiten auch nur für einige Zeit voraus ergab. Dadurch, daß Eltern oder Elternteile im Krieg ihre Söhne verloren hatten, ergaben sich in der Landwirtschaft und im Gewerbe zahlreiche Fälle, in denen die Weiterführung von Gütern oder gewerblichen Unternehmen durch die bisherigen Eigner unmöglich und die persönliche Existenzfrage der ihrer wirtschaftlichen Stützen Beraubten zu einer akuten wurde. Die Verarmung von ehemals in gesicherten Verhältnissen lebenden Personen, die durch die Entwertung der Kriegsanleihe-Obligationen, die allgemeine Geldentwertung und die massenhaften Konkurse eintrat, schuf zahlenmäßig starke Schichten eines proletarisierten Mittelstandes. – Zusammenfassend kann also zunächst konstatiert werden: Durch die mit der Umstellung von der Kriegs- auf eine planlos organisierte Friedenswirtschaft

und durch die wirtschaftlichen Folgen des militärischen und politischen Zusammenbruchs sich häufenden Schwierigkeiten wuchs die Zahl der auf den Erwerb ihres Lebensunterhalts durch Lohnarbeit angewiesenen Personen. Die meisten hatten keine oder unzureichende Berufskenntnisse, und ein erheblicher Teil besaß keine oder verminderte physische Arbeitsfähigkeit.
Ein Teil der den proletarisierten Mittelschichten entstammenden Personen versuchte sich in mehr oder weniger kurzfristigen Konjunkturunternehmungen und im Handel. Aber abgesehen von einer dünnen Schicht erfolgreicher Konjunkturgewinnler, deren finanzielle Gewinne häufig durch skrupellose Massenbetrügereien oder doch durch auf der Grenze des kriminellen Betrugs stehende Manipulationen erzielt wurden, und deren Kehrseite der Ruin weiterer tausender Kleinrentner, Sparer usw. bildete, gelang es den wenigsten dieser ehemaligen Mittelständler, wirtschaftlich festen Fuß zu fassen.
Die Entwicklungslinien, auf denen sich Industrie und Gewerbe, und in ihrem Gefolge Handel und Verkehr, in den späteren Nachkriegsjahren bewegten, waren nicht nur ganz ungeeignet zur raschen oder allmählichen Aufsaugung der arbeitsfähigen Teile dieser Massen, sondern führten umgekehrt zur wirtschaftlichen Brachlegung ganzer Gebiete und zum sprunghaften Anschwellen einer riesigen Millionenarmee von Erwerbslosen. Abgesehen von der konjunkturell bedingten Auf- und Niederbewegung der Gesamtzahl der Erwerbslosen wuchs mit geradezu unheimlicher und beängstigender Folgerichtigkeit fortge-

setzt die Zahl der Dauererwerbslosen, d. h. der Personen, die Jahre hindurch ohne feste Arbeit blieben, die aus der Erwerbslosenversicherung ausgesteuert und der Wohlfahrtsfürsorge überwiesen worden waren, und deren Aussichten auf Wiedereinstellung in ihrem Berufszweig als gleich Null angegeben wurden. Manche früher durch gewerbliche Regsamkeit und Tüchtigkeit ausgezeichneten Bevölkerungszentren wurden von dieser Entwicklung besonders schwer betroffen, und dort führte der Zusammenbruch der vorherrschenden örtlichen Gewerbezweige zum Ruin der Mehrheit der Bevölkerung. Die unmittelbaren Anlässe dazu waren verschiedene. Beispielsweise bildeten sich in den benachbarten Ländern neue Industrie- und Handelszentren, wie es dort der Fall war, wo nach dem Kriege neue Staaten entstanden, beziehungsweise neue Richtungen der politischen und diplomatischen Wirksamkeit eingeschlagen worden waren, wodurch eben frühere industrielle Zentren und Handelsplätze von ihren gewohnten Absatzmärkten verdrängt wurden. Ferner wirkten die Verschiebungen, die nach dem Kriege auf den Weltmärkten vor sich gingen, zunächst lähmend auf die erst langsam wieder in Gang kommenden Exportgewerbezweige, und einige wurden durch die neue aufgekommene Konkurrenz anderer Länder (vor allem Japans) von den ihnen früher sicheren Absatzgebieten verdrängt. Um die Konkurrenzfähigkeit zu heben, vollzogen die Großunternehmen häufig die Stillegung von Zweigwerken zugunsten der Konzentration der Produktion an einigen, verkehrstechnisch respektive rohstoffmäßig oder hinsichtlich billigerer Arbeitskraft bevorzugten Orten. Sie kauften auch Konkurrenzunternehmen innerhalb Deutschlands auf, um sie stillegen zu können. Die Rationalisierung, die sich – abgesehen von den laufenden technischen Veränderungen – in einigen Wellen vollzog, setzte eine Menge von Arbeitskräften frei; sie traf wiederum manche Gebiete besonders hart infolge der durch die unternehmensmäßige Konzentration möglich gewordenen Verlegung und Konzentration der Herstellung von z. B. Maschinenteilen in gewissen einzelnen Werken und der Zusammensetzung und Fertigstellung in einem Zentralwerk. – Die Maschinen-, Elektro-, Textil- und Schuhindustrie nebst den mit der Herstellung von Musikinstrumenten und Spielwaren beschäftigten Gewerben in Sachsen, Thüringen, Schlesien und Nordbayern wurden durch den Konzentrations- und Umschichtungsprozeß ganz besonders schwer getroffen. Doch auch der schlesische Bergbau, die nordostdeutschen (pommerschen, märkischen und Danziger) Werft- und Maschinenbaubetriebe, die Glasindustrie in der preußischen Lausitz und in Sachsen und viele andere Zweige und Gebiete ließen sich in diesem Zusammenhang anführen. Die nach dem Kriege sich ganz anders als früher entwickelnden wirtschaftlichen Verhältnisse in Südosteuropa und im gesamten Osten (sowohl bezüglich der sozialistischen Wirtschaft der UdSSR als auch der nunmehr andere eigene Wege einschlagenden Wirtschaften Polens und der baltischen Länder) brachte ganz naturgemäß besonders spürbare Reaktionen in den östlich gelegenen deutschen Gebieten hervor. Sie wurden durch den Rationalisierungs- und Konzentrationsprozeß, dessen verantwortliche Lenker wenig oder nicht nach dem Schicksal der von den Stillegungen betroffenen Bevölkerung und Gebiete fragten, und sich zumindest nicht von Skrupeln darüber beeinflussen ließen, in einer Weise vertieft, die – wie gesagt – zur Brachlegung ganzer Gebiete geführt hat. Alte wohlfundierte und durch Generationen mit einer fleißigen und geschickten Arbeiter- und Handwerkerschaft verbundene Gewerbezweige und -zentren gingen so zu Grunde. Das Heer der Erwerbslosen stieg weiter und damit auch die Zahl der in ihrem Einkommen eingeschränkten Kleinhändler, Kleinbauern und Kleinproduzenten von Konsumtionsmitteln und der sonstigen mit der Konsumtionsmittelverteilung beschäftigten Berufszweige. Wenn es zu diesem freilich nur sehr knapp gezeichneten, aber wohl auch so düster genug wirkenden Bilde noch einer ergänzenden Anmerkung bedarf, so der, daß man sich vergegenwärtigen muß, daß nicht nur die jeweils in den von der Stillegung betroffenen Werken beschäftigten Arbeiter und Angestellten und die betreffenden selbständigen Gewerbetreibenden und Handwerker Leidtragende waren, sondern auch ihre Frauen und Kinder, wie auch die Familien der durch die gedrosselte Kaufkraft ruinierten Geschäftsleute. Und man muß versuchen, sich vorzustellen, wie viele Pläne und Vorbereitungen, die die Ausbildung kommender Generationen qualifizierter Fachleute aller Art betrafen (darunter auch Wissenschaftler, Künstler), so zerstört worden sind.

Gelegentlich haben Publizisten versucht, jede Beleuchtung der aus den speziellen Nachkriegsverhältnissen Deutschlands sich ergebenden ökonomischen und sozialen Fragen durch einige Export- und Importzahlen, sowie durch den Hinweis auf die Deutschland gewährten ausländischen Anleihen zu bagatellisieren. Aber an der Wirklichkeit, deren Umrisse ich hier zu geben versucht habe, änderten weder die Geschäfte einiger Kreise deutscher Unternehmer mit den Sachlieferungen auf Reparationskonto noch die Auslandsanleihen etwas; diese Pauschalzahlen sagen im Grunde genommen nichts über die Prozesse aus, die hier charakterisiert worden sind.
Es könnte eingewandt werden, ob denn mit solchen Feststellungen, wie sie hier bezüglich der Folgen der Entwicklung neuer wirtschaftlicher Zentren, Handelsrichtungen, der Konzentration von Unternehmungen zu Groß- und Monopolunternehmen, der Rationalisierung usw. getroffen worden sind, ausgedrückt werden soll, daß dies alles hätte unterbleiben sollen, um den Folgen zu entgehen. Oder ob – könnte vielleicht auch eingewandt werden – diese Art von negativen Folgen sich nicht stets nach Neuerungen und Fortschritten einzustellen pflegte, um dadurch nur zu neuen Fortschritten anzuspornen. Und schließlich: Warum sollen gerade diese Folgeerscheinungen bestimmter ökonomischer Umschichtungen dem Nationalsozialismus zugute gekommen sein?
Solchen Einwänden gegenüber soll zunächst nochmals betont werden, was schon in anderem Zusammenhang geschrieben worden ist: Es geht hier nicht darum, durch Er-

klärungen etwas zu entschuldigen, sondern wirklich darum, die Ursachen einer Entwicklung, die so viel Opfer gekostet hat, so tiefschürfend wie möglich aufzudecken. Was zu tun möglich gewesen wäre, um diese Entwicklung zu vermeiden, wird noch ausgeführt werden. Warum gerade der Nationalsozialismus aus den vorstehend skizzierten Vorgängen Gewinn ziehen konnte, das soll und wird durch die nun folgenden Darlegungen klar werden. Damit wird auch ganz augenscheinlich werden, weshalb die Lösung der grundlegenden sozialen Frage für Deutschland nach dem Weltkrieg von lebenswichtiger Bedeutung gewesen wäre.

Entwicklungsprozesse, Einrichtungen und Vorgänge technischer und wissenschaftlicher Art, die an und für sich ganz »naturgemäß« Ausdruck des Fortschritts, vorteilhaft und segensreich sind, wirken unter bestimmten gesellschaftlichen Verhältnissen wie ein Fluch. Das gilt für sehr viele technische Neuerungen der letzten Jahrzehnte. (Wir werden sehen, daß es auch für politische Einrichtungen und Entwicklungen gilt.)
Nehmen wir zuerst die durch technische Erfindungen ermöglichte und auf dem Wege der Rationalisierung herbeigeführte intensive Arbeitsteilung. Jedermann ist imstande, auf Grund eigener Anschauung sich davon zu überzeugen, daß durch die fortgesetzte Einführung und Neueinführung von Maschinen und durch die unablässig an ihnen vorgenommenen technischen Verbesserungen eine ständig zunehmende Aufteilung des Arbeitsprozesses

im Sinne einer »Vereinfachung« der vom einzelnen Arbeiter zu leistenden Arbeit ermöglicht worden ist. Im durchorganisierten Arbeitsprozeß ist die Tätigkeit eines Arbeiters auf die jedes anderen abgestimmt, die Zeiten für die notwendigen Handgriffe sind genau berechnet, das Material ist genau zugemessen. Alles hat sich nach bis ins einzelnste ausgearbeiteten Vorschriften zu bewegen. Das Ganze ist ein exakt fungierender Mechanismus. Unablässig wird er beobachtet und kontrolliert, um kürzere Zeiten, geringeren Materialverbrauch, Verminderung der menschlichen Arbeitskräfte zu erzielen. Der einzelne Arbeiter hat in vielen Fällen nur einige sich fortgesetzt wiederholende Handreichungen an der Maschine oder am laufenden Band zu machen. Aber dieses »nur« bedeutet ebensowenig eine durchgreifende Erleichterung für ihn wie die ganze durch die intensive Arbeitsteilung erzielte »Vereinfachung« der Tätigkeit des einzelnen. Oberflächlich gesehen hat die hochgradige Mechanisierung, abgesehen von der Verbilligung der Erzeugnisse und der Steigerung der Produktionsfähigkeit, den Vorteil gebracht, daß die Zahl von Arbeitern, die in gesundheitsgefährdenden und -schädlichen Arbeitsprozessen benötigt werden, gesunken ist, und daß manche früher äußerst anstrengenden Arbeiten nun leichter durchführbar sind. Aber den Vorteilen stehen zahlreiche andere Folgen gegenüber, die nicht unbeachtet bleiben dürfen. Die oft monotone, dabei aber in ihrer Einseitigkeit äußerste Exaktheit fordernde Arbeitsleistung überanstrengt die Arbeiter vielfach stärker und ruft eine nervöse Angespanntheit viel mehr hervor, als es eine abwechslungsreichere Arbeitsleistung tat. Für erhebliche Teile der Arbeiter und Angestellten haben Mechanisierung und intensive Arbeitsteilung ferner schwerwiegende pekuniäre Folgen gehabt. Arbeiten, die früher als qualifiziertere Facharbeiten angesehen und bezahlt wurden, sind durch technische Neuerungen vereinfacht und damit im Sinne der Lohnskala verbilligt worden. Davon sind besonders große Teile der zahlenmäßig insgesamt stark angewachsenen Angestelltenschaft betroffen worden, deren Einkommen vielfach weit unter die höheren Lohngruppen der Betriebsarbeiter zu liegen kamen. Die mit der Mechanisierung Hand in Hand gehende intensive Arbeitsteilung, die eine ganz verständliche Folgeerscheinung auf dem Wege der fortschreitenden technischen Durchbildung des Arbeitsprozesses ist, ruft also erhebliche Veränderungen innerhalb der Gesamtheit der Arbeiter und Angestellten hervor, die keineswegs die Lebensbedingungen allgemein verbessern, sondern neue Sorgen zu den bisherigen fügen. Unter solchen neuen Sorgen verstehe ich nicht nur die gesundheitlichen Folgen der sowohl durch ihre Monotonie, ihr Tempo, als auch durch die uhrwerkmäßige Exaktheit und höchste Anspannung gleichzeitig hohe Anforderungen an das menschliche Nervensystem stellenden Arbeit, – nicht nur dazu die den Preis der Arbeitskraft breitester Schichten herabdrückende Tendenz des ganzen Vorgangs, die zunehmende Arbeitslosigkeit, sondern auch die tiefgehenden Umgruppierungen und Umschichtungen, die durch die fortlaufende Entstehung neuer Spezialtätigkeiten erfolgen.

Arbeiter oder Angestellte, die vordem einer Branche angehörten und an einem Strang zogen, stehen sich nun als Konkurrenten gegenüber. Eine verhältnismäßig schmale und dünne Schicht von »Stammarbeitern« wird mehr und mehr abgegrenzt von breiten Schichten zeitweiliger, angelernter Hilfs-Arbeiter.
Der Prozeß der Mechanisierung, Rationalisierung und intensiven Arbeitsteilung beschränkt sich nicht auf die Betriebe im engeren Sinne. Er hat einen großen Teil der Kontorangestellten zu Maschinenarbeitern gemacht und auch innerhalb der wissenschaftlichen Berufe weitestgehende Veränderungen hervorgerufen. Die Spezialisierung, die auf diesem Gebiet vor sich geht, bedeutet ja praktisch auch die »Degradierung« vieler Arbeitshandlungen zu bloßen mechanischen Hilfsdiensten oder Handreichungen, respektive die Beschränkungen der Tätigkeit des einzelnen auf ein winzigstes Teilgebiet.
Gibt unsere Gesellschaftsordnung den Menschen einen Ausgleich für diesen Verlust, den die Beschränkung und Einengung auf das genau abgegrenzte Spezialgebiet und die ständig sich wiederholenden Handgriffe doch unbestreitbar bedeuten? Zunächst hat sie durch massenhaft auftretende Erwerbslosigkeit, durch Lenkung des Preises der Arbeitskraft und durch die fortgesetzte Steigerung der Hast, in der sich der Arbeitsprozeß in der Regel vollzieht, das Übel nur noch vertieft und vermehrt. Die massenweise Eingliederung von Frauen in Berufszweige, die ihnen vordem kaum zugängig waren, hat zwar – isoliert betrachtet – der sozialen Emanzipation der Frauen starken Auf-

trieb gegeben, hat aber auch den Druck auf den Preis der Arbeitskraft vermehrt und im Familienleben Probleme geschaffen, die nur in Ausnahmefällen (z. B. im Kriegsfall) zeitweilig gelöst werden.
Aber wirkt denn der Spezialisierung, die einerseits Abstumpfung, andererseits Überreizung mit sich bringt, und die den einzelnen den Überblick über das Ganze, das Gefühl der Schöpferfreude und der persönlichen Freiheit im Berufsleben raubt, nicht doch etwas entgegen? Hat er nicht durch die neuen Kommunikationsmittel und durch die gesamte kulturelle Entwicklung, die von der Technik gefördert wird, den Ausgleich, der ihm den Zusammenhang, den Überblick und das Gefühl persönlicher Bedeutung verschafft?
Prüfen wir, wie es mit Radio, Film, Flugwesen und anderen Verbindungs- und Verständigungsmitteln in dieser Beziehung steht. – An und für sich genommen sind alle diese Verbindungs- und Verständigungsmittel von der allergrößten Bedeutung für die Erleichterung der Zusammenarbeit, den Austausch von Erfahrungen und Gütern, die schnelle Hilfeleistung, die Verbreitung der Wahrheit, die Unterstützung von Bildungs- und Erziehungsarbeit. Wenn man rein theoretisch urteilte, könnte man also sagen, daß auf diese Weise dem durch die Mechanisierung des Berufslebens eingeengten Menschen der nötige Ausgleich verschafft würde, und daß der kulturellen fortschrittlichen Entwicklung neue große Perspektiven eröffnet worden seien. In Wirklichkeit haben wir jedoch ganz andere Erfahrungen gemacht.

Die Mechanisierung der Arbeit wurde nicht durch eine allgemeine kulturelle Bereicherung und Vertiefung ausgeglichen und gutgemacht. Weit entfernt davon, durch solche große technische Errungenschaften wie Radio, Bildfunk, Film, Flugwesen und viele andere das Leben reicher, das Erleben tiefer, das moralische Niveau höher und den allgemeinen Gesichtskreis weiter gestaltet zu sehen, müssen der Wahrheit gemäß eine das Leben allgemein beherrschende Mechanisierung, eine kulturelle Verflachung, eine seelische Verarmung festgestellt werden. Das sind nicht kulturpessimistische Seufzer allgemeiner Art, deren Resultat eine ebenso kraft- wie fruchtlose Verneinung der Technik schlechthin wäre. Es sind Feststellungen, deren Richtigkeit jeder selbst nachprüfen kann, der sich nicht von einer glitzernden Oberfläche und von Statistiken mit Riesenzahlen über Rundfunkteilnehmer und Kinobesucher täuschen läßt.

Kann man sich wohl eine Einrichtung denken, durch die das persönliche Verantwortungsgefühl, die persönliche Meinungsbildung, der Wille zur Behauptung einer als richtig erkannten Auffassung, die persönliche Initiative im politischen Sinne so ertötet worden wären, wie es durch das Radio geschehen ist? Und das, obwohl durch das Radio Nachrichten, Vorträge und sogenannte Aufklärung bis in die entlegensten Hütten und sogar über noch so streng gesperrte Ländergrenzen verbreitet werden. Die Menge von Neuigkeiten, die dem Hörer fortgesetzt zugetragen wird, fördert nicht etwa die persönliche Anteilnahme, erregt nicht etwa das Rechtsgefühl, erweckt nicht den

Willen zur Initiative und zur Übernahme persönlicher Verantwortung, sondern hat die Tendenz, abzustumpfen, mehr die Neugierde anzuregen als das Suchen nach wirklichem Wissen und Wahrheit. Die große Masse der Hörer gewöhnt sich daran, zu festgesetzten Zeiten das Neueste mitgeteilt zu bekommen und dann die Fortsetzung abzuwarten. Eine etwaige persönliche Anteilnahme und ein etwaiges persönliches Reagieren sind in der Regel das Resultat der Einwirkungen von Bindungen und Beziehungen, in die der Betreffende eingegliedert ist, nicht aber das Resultat eines ganz persönlichen Entschlusses. Der gesamte Radiobetrieb, der das Alltags- und Festtagsleben mehr und mehr durchdringt, fördert die Passivität, die Sucht zum einfachen Entgegennehmen. Er gewöhnt den einzelnen daran, an allem als Zuhörer teilzuhaben, ohne eine Mühe dabei zu haben und ohne sich mit einer eigenen Auffassung äußern zu müssen. Nicht außer acht zu lassen ist auch, daß bei einem gewissen Teil von Hörern, der mit der Zeit durch das Hin und Her, Für und Gegen der Nachrichten und der sogenannten Aufklärung zu der zynischen Auffassung gekommen ist, daß eigentlich »alles Schwindel« sei, nichts übrigbleibt als ein technisch-sammlerisches Interesse am Auffangen vieler und möglichst kurioser Stimmen aus dem Äther. Durch die Möglichkeit, mit Hilfe des Radios, so oft als es für notwendig gehalten wird, den direkten Kontakt von irgendwelchen Leitern und Managern zu dem einzelnen Hörer, dem »Mann auf der Straße«, herzustellen (freilich eigentlich nur, um ihm zu sagen, was von ihm gewünscht oder gefordert wird), ist die Legende aufgekommen, die Verbindung vom führenden Staatsmann zum einzelnen Mitbürger sei nunmehr zu einer so engen und persönlichen geworden, daß sich Zwischenglieder als unnötig erwiesen. Mit Hilfe dieser Legende hat man in vielen Ländern ganz kräftig Institutionen zu zermürben und sturmreif zu machen verstanden, die früher von den fortgeschrittenen Teilen des Volkes erkämpft und durchgesetzt worden waren, beispielsweise Versammlungs- und Koalitionsrecht, Pressefreiheit, parlamentarische Volksvertretungen, Selbstverwaltungskörperschaften. Nicht als ob das Radio an und für sich den Anlaß dazu gegeben hätte! Doch die Legende vom technischen Fortschritt des angeblich direkten Kontakts und von der Überlegenheit der neuen über jene angeblich überholten »alten« Methoden traf auf günstigen Boden, vorbereitet durch jene Passivitätstendenzen, auf die schon hingewiesen worden ist. Wenn wir nun das Fazit ziehen, daß das Radio weit mehr die Menschen vom Wesentlichen abgelenkt als sie auf es hingelenkt, weit mehr ihr Bewußtsein für Wahrheit, Recht und Schönheit abgestumpft und verflacht als wachgerufen und vertieft, weit mehr zur Verbreitung von Unsicherheit als zur Stärkung innerer Gewißheit beigetragen hat, so kann und soll damit nicht ein Urteil über das Radio überhaupt gesprochen, sondern festgestellt sein, wozu es unter den herrschenden sozialen Verhältnissen geführt und gedient hat.

Ganz ähnliche Beobachtungen sind ja hinsichtlich der Presse zu machen. Und vom Film muß, bei aller Bewunderung für manche große künstlerische und technische

Leistung auf seinem Gebiet, gesagt werden, daß er, den man zu einem Volksunterhaltungsmittel ersten Ranges gemacht hat, nicht wenig zur Gewöhnung an das Brutale, Gemeine, Zynische, Süßliche, Äußerlich-Glänzende beigetragen hat. Das sei hier nicht etwa deshalb festgestellt, um dem Film das Buch oder das Theater entgegenzustellen, und um vielleicht zu beklagen, daß durch den Film das Interesse für das Buch und die festliche Freude am Theater verdrängt worden seien. Nein, meiner Meinung nach haben Film, Buch, Theater ihre ganz besonderen und auch wiederum gemeinsame kulturelle Aufgaben zu erfüllen. Wenn hier aber so viel Negatives von der tatsächlichen Wirkung des Films ausgesagt wird, so geschieht es, um darauf hinzuweisen, zu welchen Verzerrungen eine an und für sich für die Kultur so wichtige technische Neuerung führen kann, wenn die herrschenden sozialen Verhältnisse ihre Auswertung und praktische Entwicklung in bestimmte Bahnen zwängen, respektive ihr die Entwicklung auf anderen Bahnen verschließen. Denn darum geht es bei diesen Erörterungen. Nicht darum, daß Radio, Film, Presse und andere technisch fortgeschrittene Ausdrucks-, Verständigungs- und Verbindungsmittel an und für sich kulturfeindlich seien, wie es manche Kulturphilosophen unseres Jahrhunderts behauptet haben. Es geht auch nicht darum, daß Radio und Film vorgeworfen werden soll, zu wenig Ernst und Feierlichkeit und zuviel Unterhaltung zu bieten. Es wäre müßig, darüber moralisieren und allgemeingültige Programm- und Geschmacksregeln aufstellen zu wollen. Maßstab für die

Bewertung kann nicht die Zahl der Aufführungen klassischer Werke im Vergleich zu leichteren Genres usw. sein, sondern die allgemeine und künstlerische Qualität und die zum Ausdruck kommende Gesamttendenz. In dieser Beziehung aber ist es unbestreitbar, daß – ganz abgesehen von den zahlreichen großen Leistungen ausübender Künstler – Afterkunst und seichter Kitsch den Vorrang vor echter Kunst haben, und daß wirkliche Kunst, weil sie an soziale Probleme rührt – oder an menschlich-individuelle Probleme, die sich aus dem Widerspruch gegen die herrschende soziale Ordnung ergeben –, entweder einfach ausgeschaltet oder unterdrückt oder aber so drangsaliert und behandelt wird, daß von einer freien Entwicklung nicht die Rede sein kann. Damit ist nicht gesagt, daß alle wirkliche Kunst stets so behandelt wird. Aber wirkliche Kunst muß – von wenigen Ausnahmen abgesehen – beispielsweise im historischen Gewand und rückwärts gewandt auftreten, wenn sie vor den erwähnten Drangsalierungen durch Zensur, Unternehmungen, Kritik, politische, konfessionelle u. a. Instanzen einigermaßen sicher sein will. Es sei nur noch bemerkt, daß unter den Bedingungen einer ausgeprägten politischen Demokratie die Entwicklungsmöglichkeiten bedeutend freier sein können als dort, wo die demokratischen Rechte weniger fest fundiert sind. Es können sich unter solchen Bedingungen demnach relativ mehr gute, echt künstlerische Tendenzen und ebenso mehr wirklich der Volksaufklärung und Bildung dienende Kräfte und Leistungen durchsetzen. Dennoch wird auch unter den günstigsten Bedingungen die-

ser Art die hier charakterisierte negative Tendenz überwiegen, wenn und weil die grundlegende soziale Ordnung, die kapitalistisch-imperialistische, sich geltend macht.
Obwohl die neuen und verbesserten Kommunikations- und Verständigungsmittel Zusammenarbeit, Austausch, Ausbreitung anstreben und erfordern, obwohl sie unschätzbare Hilfsmittel zur Überwindung nationaler Gegensätze, des Mangels und Elends, der Unwissenheit, des Aberglaubens – zur Herstellung von brüderlicher Gemeinschaft, allgemeinem ökonomischem Wohlstand und zur Hebung des wissenschaftlichen und sittlichen Niveaus sein können und wollen (wenn man so sagen darf, um damit ihre eigentliche Aufgabe anzudeuten), haben sie praktisch die im Arbeitsprozeß herrschende Mechanisierung zu einer Allgemeinerscheinung im menschlichen Leben gemacht, haben der Unterdrückung und Erstikkung der persönlichen Meinungsbildung, der geistigen Uniformierung, der Vermassung (in psychischer Hinsicht) und der Verschärfung von zahlreichen Gegensätzen sowie der Vervollkommnung der Vernichtung von Leben und Werten gedient. Es hat den Anschein, als verfange sich die kulturelle Entwicklung in einer Sackgasse. Ein resignierter Kulturpessimismus in den Reihen feiner empfindender und geistig interessierter Menschen und eine mehr oder weniger bewußt rohe Kulturverachtung in breiteren Kreisen kennzeichnen die geistige Situation. Das Ganze ist die Folge des Ausbleibens der durch die Entwicklung der Technik und der gesamten Produktionsweise schon

lange spruchreif gewordenen Lösung der sozialen Frage. Wäre sie gelöst worden (respektive würde sie gelöst), dann wären die Bahnen zur Weiter- und Höherentwicklung der Technik und der gesamten Kultur, ihren wirklichen Zwecken entsprechend, freigemacht worden. Nachdem die prinzipielle Änderung der sozialen Grundlage ausblieb, ist die Entwicklung der Technik an den ungelösten sozialen Widerspruch gefesselt. Statt Ausgleich, Gemeinschaft, allgemeines Streben nach höherem Niveau herbeiführen zu helfen, dient sie nun ganz widernatürlich der Aufrechterhaltung der Herrschaft eines überholten ökonomischen Systems mit einer den kulturellen Fortschritt hemmenden sozialen Ordnung.

Das Massenbewegungssystem der NSDAP, das an anderer Stelle ausführlich beschrieben worden ist, ist der politische Ausdruck für die hier gekennzeichnete Entwicklung geworden, und die Drahtzieher dieser Bewegung wurden die Nutznießer dieses Prozesses. Nachdem eine echte Umbildung der sozialen Grundlage, d. h. eine Ausscheidung ihrer die Weiterentwicklung hindernden destruktiven Kräfte, ausgeblieben war, ein wirklicher fortschrittlicher (»naturgemäßer«) Zusammenschluß also nicht stattfand, übernahm die NSDAP mit ihrem Massen-Mechanismus die Aufgabe (im Dienste der kräftigsten Elemente der alten Ordnung), einen Zusammenschluß herbeizuführen (respektive im Kampf gegen die für eine wirkliche Weiterentwicklung eintretenden Kräfte der Arbeiterbewegung und der fortschrittlichen Intelligenz, sowie gleichzeitig gegen die schwächeren Elemente der al-

ten Ordnung – gegen die Konkurrenten der vorher genannten kräftigsten Elemente, durchzusetzen). Diese Tendenz entspricht der im Produktionsprozeß vor sich gehenden Aussonderung eines engeren Kreises von leitenden Fachleuten und Stammarbeitern aus der »nivellierenden« großen Menge; und sie entspricht letzten Endes der Aussonderung der kräftigsten Elemente im Prozeß der Konzentration des Kapitals aus der großen Menge ihre Renten verzehrender, aber den maßgebenden Positionen mehr und mehr entrückter Kapitalseigentümer. Diese »Elite«-Bildung und die straffe mechanische Zusammenfassung von Massen wiederholt sich also auf allen Einzelgebieten. (Und es kann vorausgesagt werden, daß sie überall stattfinden und überall eine gesunde Entwicklung erdrücken wird, solange nicht durch die prinzipielle Lösung der sozialen Frage die Hindernisse beseitigt und die Wege freigemacht sein werden. Bis dahin mag soviel wie möglich über Vermassung und über das Verschwinden der Individuen räsoniert werden, eine grundsätzliche Besserung würde auch ein durchschlagender militärischer und politischer Sieg der ausgesprochenen amerikanischen »Liberalen« nicht bringen; vielmehr würde die Beibehaltung der alten sozialen Ordnung auch sie in die hier skizzierte Entwicklung zwingen. Es ist die Entwicklung, die zur Barbarei führt – wenn nicht die sozialen Voraussetzungen zur fortschrittlichen Weiterführung der Kulturentwicklung geschaffen werden.)
Der Nationalsozialismus gab, seiner Aufgabe gemäß, seine eigenen Antworten auf die soziale Frage. Er mußte ja

das in den werktätigen Volksschichten lebendige Suchen nach einer Lösung (respektive nach Teillösungen) der sozialen Fragen ableiten. Wohlgemerkt: Ableiten – sage ich, nicht nur – Ablenken. Damit will ich ausdrücken, daß ja der Nationalsozialismus, seinem Auftrag und seiner Aufgabe gemäß, tatsächlich auch an eigene »Lösungen« der sozialen Frage herangegangen ist, nur eben von der dem sozialen Fortschritt entgegengesetzten Seite.

Die Lösung der sozialen Frage im Deutschland der Nachkriegszeit hätte für die politische, ökonomische und gesamte kulturelle Entwicklung des Landes bedeutet: Konzentration auf den Aufbau mit eigenen Kräften und aus eigenen Mitteln. Anstreben friedlicher Zusammenarbeit mit den Völkern der angrenzenden Länder und mit allen übrigen Völkern. Unterdrückung und Überwindung aller Tendenzen im eigenen Land, die diesen Prozeß zu stören und zu hindern suchen.

Dagegen bedeutete, nach dem Ausbleiben (respektive der Verhinderung) der prinzipiellen Lösung der sozialen Frage, die Alternative, eben jene nationalsozialistische Lösung: Konzentration auf die Schaffung der politischen und ökonomischen Voraussetzungen zur Herstellung eines solchen Kriegspotentials, das sowohl als diplomatisches Druckmittel als auch zur direkten Wiederaufnahme des Kampfes um die Neuverteilung der Erde, um die Weltherrschaft, mit kriegerischen Mitteln geeignet ist. Unterdrückung und Ausrottung aller Tendenzen im eigenen Land, die diesem Prozeß im Wege stehen oder ihn zu hindern suchen.

Der Antisemitismus war eine der Antworten des Nationalsozialismus auf die soziale Frage und das Suchen breiter Volksschichten nach einer Lösung. Keineswegs war der Antisemitismus bloß »Blitzableiter« für den Drang der Massen nach aktiver Teilnahme an der sozialen Lösung, wie sehr häufig und m. E. sehr wenig überlegt gesagt worden ist. Es sollte ja in der Tat »expropriiert« und ein ganzer Bevölkerungsteil ausgemerzt werden; so wollten es die stärkeren Elemente gegenüber ihren Konkurrenten. August Bebels bekanntes Wort vom Antisemitismus als dem »Sozialismus der Dummen« enthält viel Wahrheit. Nur erwies sich in der Zeit, in der – lange nach Bebels Tod – der Antisemitismus wirklich systematisch und rücksichtslos ausgespielt worden ist, die Zahl der Dummen als viel größer und die Massenverdummung als viel wirkungsvoller und breiter, als man wohl vorher es als möglich anzunehmen vermocht hatte.
Die Brechung der Zinsknechtschaft, die als werbende Parole unter den von Steuer- und Hypothekendruck und von der erfolglosen Suche nach billigem Kredit geplagten Handwerkern, Kleingewerbetreibenden und mittleren Bauern eine so starke Wirkung ausgeübt hat, daß die NSDAP später als Regierungspartei in erste Schwierigkeiten geriet, weil die Erwartungen dieser Kreise in dieser Hinsicht keineswegs genügend durch die Praxis befriedigt werden konnten, diese Parole war gewissermaßen die »positive Seite« des Antisemitismus. Indem die Juden als die am Ruin der gewerblichen Mittelschichten Schuldigen und insbesondere als die eigentlichen Nutznießer des

zinsheckenden sogenannten Leihkapitals gebrandmarkt wurden, wurde ihre Verdrängung und Ausschaltung als die Voraussetzung zur Brechung der Zinsknechtschaft begründet.

Daß die durch den Nationalsozialismus in Aussicht gestellte Arbeitsbeschaffung in den Zeiten der Massenerwerbslosigkeit und der Verelendung der ausgesteuerten Erwerbslosen Zugkraft ausüben konnte, ist nicht weiter verwunderlich. Die Art, in der die NSDAP in besonders schwer durch Arbeitslosigkeit, Massenstillegung von Unternehmen und Konkursen verheerten Gebieten auftrat, unterstützte wirkungsvoll ihre Agitation. Die in den Notstandsgebieten Thüringens, der Eifel und Schlesiens veranstalteten Massenspeisungen, die Aktion zur genossenschaftlichen Weiterbetreibung der stillgelegten Neuroder Kohlenbergwerke, die politischen Aktionen gegen den tschechischen Schuh-Großfabrikanten Bata, dessen billige Massenproduktion die sächsische und große Teile der sonstigen deutschen Schuhindustrie niederkonkurrierte – solche und viele ähnliche konkrete Handlungen, die einen unmittelbaren Effekt erzielten, wirkten in der Zeit der Massenerwerbslosigkeit zweifellos mindestens günstig für die Tätigkeit der NSDAP auch in den Kreisen, die sich sonst dieser Partei noch nicht anschlossen. Arbeitsbeschaffung war an und für sich populär; jahrelange Arbeitslosigkeit ließ die bloße Aussicht auf Arbeit zu einer Verheißung werden. Es hat sich später gezeigt, daß von den zur Arbeit Vermittelten wenig nach der Art der Arbeit und auch nicht besonders hartnäckig nach den Anfangslöhnen

gefragt worden ist, eben weil der Drang, überhaupt erst wieder einmal in Arbeit zu kommen, die sonstigen Hemmungen überwand.
Schließlich sei auch hier nochmals auf die Parole der »Volksgemeinschaft« hingewiesen, die schon an anderer Stelle behandelt worden ist. Nach dem, was in diesem Abschnitt über das Auseinanderfallen alter Beziehungen und Bindungen geschrieben worden ist, angesichts sowohl der Unsicherheit als auch der mechanischen Überorganisation, der sich der einzelne im Berufs- und auf den meisten Gebieten des kulturellen Lebens ausgesetzt sah, mußte »Volksgemeinschaft« wie eine Zuflucht wirken. Um so mehr, als sie der großen Menge eine gewisse Art von »Gleichheit« zu gewährleisten schien. »Pg« zu sein, zur wirkenden Keimzelle der »Volksgemeinschaft« zu gehören, war ein Gegengewicht gegen die Autorität der technischen und sonstigen »Elite«, die ja in der Praxis oft recht hart und brutal spürbar wurde. Den anderen wiederum, denen, die sich zu den besitzenden Kreisen rechneten und einen Rückhalt gegen die von ihnen befürchtete proletarische Revolution suchten, war »Volksgemeinschaft« die Versicherung gegen proletarischen Klassenkampf. In jedem Fall aber war »Volksgemeinschaft« der Ersatz für die nicht mehr vorhandene echte Gemeinschaft, die durch die soziale Entwicklung zerstört und zu einer echten, auf höherer Basis nur durch die prinzipielle Lösung der sozialen Frage im Sinne der Verwirklichung des Sozialismus wieder hätte werden können.
Das sind, kurz zusammengefaßt, die Gründe dafür, daß

die NSDAP das Ausbleiben der prinzipiellen Lösung der sozialen Frage nach dem Kriege zu ihrem Vorteil ausnützen konnte, und daß gerade ein politisch-organisatorischer Mechanismus, wie die NSDAP ihn ausgearbeitet und dargestellt hat, die ungelösten sozialen Fragen der Entwicklung einer Massenbewegung dienstbar machen konnte, die niemand anderem diente als den brutalsten und kräftigsten Elementen der alten sozialen Ordnung, die nach Wegen und nach Kräften suchten, durch die sie sich nicht nur an der Macht zu halten, sondern diese Macht zugleich zu einer uneingeschränkten auszugestalten vermochten, die sie zur Aufnahme des Kampfes um Hegemonie und imperialistische Weltherrschaft instand setzte.

Probleme der Einheit der sozialistischen Bewegung

Protokoll der Sozialistischen Arbeitsgemeinschaft, Hamburg, vom 25. Oktober 1946

Vortrag Wehner

Was ich vortragen möchte, geht über den Rahmen einer taktischen Auseinandersetzung hinaus. Ich möchte versuchen, Erfahrungen[1], die sich doch in einigen Punkten bereits zu mehr oder weniger klaren Erkenntnissen verdichtet haben, zur Diskussion zu stellen. Es wäre mir eine Genugtuung, wenn es mir gelingen könnte, mit einigen der Gedanken anregend für eine Durcharbeitung, für ein Weiterdenken zur Lösung dieser Probleme beitragen zu können. Es sieht oberflächlich betrachtet so aus, als ob das Problem der Einheit in Deutschland bald kein Problem mehr zu sein brauchte[2], soweit es sich um die sozialistische Bewegung handelt. Viele glauben, daß nach den 12 Jahren Faschismus die Arbeiterbewegung jetzt schon wieder dabei[3] sei, sich zu erholen und daß sie erstaunlicherweise doch die Kräfte aus sich heraus zu entwikkeln im Begriff wäre, mit denen es möglich sein könnte, das, was schwach und krank war am Anfang der 12 Jahre, zu überwinden und mehr als zu überwinden. Es könnte der Eindruck entstehen – vor allem nach den glänzenden Wahlerfolgen im Westen und jetzt in Berlin* –, als ob das Problem der Einheit nur noch ein theoretisches wäre, aber nicht mehr praktische Bedeutung hätte[4]. Aber ich glaube, selbst wenn die SPD die stärkste Partei ist, selbst wenn es möglich wäre, über alle Zonengrenzen und Bestimmungen hinweg eine Wahl und eine Konstituierung der Parteien durchzuführen, selbst dann bleibt die Frage der Einheit ein Problem in Kreisen, die sich ernsthaft mit dem inneren Leben, mit der Struktur und den Voraussetzungen für die Weiterentwicklung der sozialistischen Bewegung befassen. Es geht nicht[5] nur um sogenannte taktische Fragen. Wenn man die Berichte von Genossen liest, die in KZs gesessen oder an der illegalen Arbeit teilgenommen haben, oder wenn man das Resümee vieler Wahlreden zieht, so bleibt oft der Eindruck[6], daß im Grunde genommen die sogenannten Arbeiterparteien nur durch taktische Verschiedenheiten getrennt würden[7], daß aber das Ziel im wesentlichen dasselbe sei und daß man diese taktischen Verschiedenheiten doch wohl überwinden könne. Das wird je nach Temperament[8] und Niveau verschieden ausgeführt. Auf diese simple Argumentation lauft es aber meist[9] hinaus, wenn man prüft[10], was

* Von Januar bis Oktober 1946 hatten die Kommunalwahlen in allen vier Besatzungszonen stattgefunden, die Wahlen zu den Verfassunggebenden Landesversammlungen in den Ländern der US-Zone (30. Juni 1946), die Bremer und Hamburger Bürgerschaftswahlen (13. Oktober 1946) und die Wahlen zum Gesamtberliner Magistrat und den Landtagen der Sowjet-Zone (20. Oktober 1946).

die Leute sagen über die Lage der sozialistischen Bewegung und die verschiedenen Richtungen und Strömungen.
Ich glaube, es wäre leichtfertig, anzunehmen, daß die sozialistische Bewegung und die Arbeiterbewegung nach 12 Jahren Faschismus und nach den Jahren, die dem Machtantritt des Nazismus vorausgegangen sind, sozusagen aus sich selbst heraus, ohne daß es größerer innerer Klärungsarbeiten bedürfte[11], sich wieder erholen und alles das, was früher mangelhaft war und dazu beigetragen hat, daß es zum Sieg des[12] Nazismus kam, überwinden würde. Was wir heute in den Wahlresultaten erleben, die wir als etwas Befriedigendes zur Kenntnis nehmen, ist vor allem eine Bereitschaftserklärung breiter, überraschend breiter Volksschichten, einen demokratischen und sozialistischen Weg mitgehen zu wollen. Daß diese Bereitschaftserklärung mit solcher Massivität und inmitten von Ruinen, Kälte, Hunger, Not[13] und Elend, nach unerhörten Enttäuschungen und Entsagungen mit solcher Eindeutigkeit erfolgte, das ist etwas, was jedem, der Sozialist ist, gelitten hat und weiter kämpfen will, das Herz stärker schlagen macht. Aber über diese Feststellung hinaus bleibt doch zu sagen, daß sich aus dieser Bereitschaftserklärung für die Sozialisten vor allem[14] eine Verpflichtung ergibt und daß[15] sie nicht als Zeichen dafür[16] betrachtet werden darf, als ob nun bereits all das überwunden wäre, woran die sozialistische Arbeiterbewegung schwer gekrankt hat. Die Sozialisten sind berufen und verpflichtet, aufgrund dieser Bereitschaftserklärung breiter Volkskreise zu prüfen, woran ihre Bewegung – und ich meine jetzt

die ganze große Bewegung, die auf den Sozialismus hin will, nicht nur[17] eine Partei oder eine Gruppe – krankte. Erst dann wird sie imstande sein, die Bereitschaft ganzer[18] Volksschichten zu politisch wägbaren[19] Resultaten umzuschaffen.
Ich habe erinnert an das, was oft[20] zu hören ist: es seien nur taktische Fragen, die die Arbeiterparteien trennen. Und ich will noch an einen zweiten lapidaren und immer wiederkehrenden Satz erinnern: Wenn wir 1933 nicht gespalten gewesen wären, dann wäre alles das nicht gekommen. Das ist eine ebenso oberflächliche Erklärung. Heute wird dieses: Wenn wir *nun* einig sind, wird sich das nie wiederholen, – als der Schlüssel für die kommenden Ereignisse angewandt. Es wird von verschiedenen[21] Seiten angewandt und mit ganz verschiedenen Motivierungen, man denkt sich dabei[22] Verschiedenes von allen Seiten, aber das Zauberwort ist die Einheit. Wir können uns nicht mit solchen tröstlichen Erklärungen begnügen, und ich möchte versuchen, aufzuzeigen, wo denn die Wurzeln liegen für diese verständliche, aber äußerst primitive Vorstellung von der Wunderkraft der Einheit.
Ich will jetzt nicht davon sprechen, daß es richtig war, wenn in den ersten Jahrzehnten der sozialistischen Bewegung die Mutterbewegung gegen Strömungen und Gruppen, die sich separieren, abspalten wollten, mahnend den Ruf erhob: Denkt daran, daß wir einheitlich am stärksten, unüberwindlich sind. Darüber lohnt jetzt nicht zu sprechen. – Anders ist es geworden mit dem Ersten Weltkrieg. Wir haben von der einen und von der anderen Seite und von jeder einzelnen Gruppe sehr weitläufige und detail-

lierte und sozusagen unumstößliche Erklärungen, weswegen es zur Spaltung kommen mußte, und daraus entwikkeln sie nun die entsprechende Konzeption[23], wie man nun erst zu einer wirklichen und festen Einheit kommen könnte. Das will ich heute nicht erörtern, denn diese Erscheinungen aus der Anfangszeit der Arbeiterbewegung sind nicht die, an denen wir jetzt noch kranken und aus denen sich die gespürte Schwäche erklären läßt[24]. Wir haben alle erlebt, daß es innerhalb der Arbeiterbewegung zum Kampf kommen konnte, der oft Formen angenommen hat, die von schärferen und unversöhnlicheren Gegensätzen zeugen, als sie beispielsweise zwischen einem Menschen, der zur sozialistischen Bewegung im weitesten Sinne gehörte, und einem zur Bourgeoisie gehörenden Menschen möglich waren. Die Austragung dieser Gegensätze ging bis in die Gefängnisse und KZs und hat nicht Halt gemacht vor der Auslieferung politischer Gegner an die Gestapo. Das könnte man im einzelnen mit vielen Beispielen belegen.

Woran die Arbeiterbewegung in den Zwischenkriegsjahren von 1918 bis 1933 gekrankt hat, das waren m. E. vor allem totalitäre Tendenzen innerhalb der Arbeiterbewegung, und ich möchte darzulegen versuchen, woher sie stammen und möchte darauf aufmerksam machen, wie sie gegenwärtig weiterleben und in welchem Gewand sie auftreten oder auftreten können.

Bei einer ernsthaften kritischen Untersuchung der Arbeiterbewegung könnte man darauf stoßen, daß die Anfänge der totalitären Tendenzen wahrscheinlich dort liegen müssen, wo man begonnen hat, den Sozialismus einfach[25] zu identifizieren mit der proletarischen Klassenbewegung, und wo man behauptete, daß gerade diese Entdekkung, daß der Sozialismus nichts anderes sei als die Führung der proletarischen Klassenbewegung, den Sozialismus zu einer Wissenschaft gemacht habe[26].

Indem der Sozialismus reduziert wurde auf die Lehre von der Strategie und Taktik des Kampfes um die sogenannte Befreiung der Arbeiterklasse, ging Wesentliches vom Sozialismus verloren. Nicht sofort wurde das klar[27]. Zunächst war es[28] eine große Hilfe, daß man die Beziehungen zwischen proletarischem Klassenkampf und der sozialistischen Idee klargelegt hatte[29], aber man hat die Entdeckung dieser Hilfe später furchtbar bezahlt, weil man zwar »eine Welt gewonnen hat, aber Schaden genommen hat an seiner Seele«. Die Folge der einfachen[30] Identifizierung oder Reduzierung des Sozialismus auf die Lehre von[31] der Strategie und Taktik des Kampfes der Arbeiterklasse, war der Bruch mit der Kontinuität zu den[32] freiheitlichen und[33] humanitären Bestrebungen der Vergangenheit und die scharfe Trennung von anderen freiheitlichen und humanitären Bewegungen[34] der Gegenwart[35]. Man legte[36] für die Beurteilung der Träger[37] einer Bestrebung nicht deren Vorstellungen und Wollen zugrunde[38] – ob es sich um[39] Hutten handelte[40] oder andere[41], die[42] man in der Retorte hatte, am Schluß blieb meist[43] nichts weiter übrig als die Bewertung des sogenannten Klasseninhalts von freiheitlichen und humanitären Bestrebungen der Vergangenheit[44].

Bei keinem[45] unserer großen Lehrmeister ist das ganz klar gesagt[46]. Wenn wir ihre Epigonen[47] in die Zange nehmen, sagen sie: Ja, wir sind die Erben der klassischen Philosophie und alles dessen, was groß und edel ist[48]. Aber sobald wir nun zur Fortsetzung vergangener geistiger Strömungen in der jeweiligen Gegenwart kommen, bleibt wieder nichts anderes übrig als daß man sagt: Es kommt einzig und allein darauf an, ob eine Bewegung bei genauer chemischer Untersuchung den Bodensatz zurückläßt, der beweist[49], daß sie im Rahmen[50] der aufgestellten Skala der Entwicklung durch Klassenkampf vorwärts zum Sozialismus den Bodensatz übrigläßt, der als Maßstab dafür gilt[51], daß sie in der sogenannten progressiven Linie liegt.

Das ist respektlos gesagt, aber ich erlaube es mir. Es ist nicht gesagt aus Unkenntnnis der marxistischen Ideen und Lehren, auch nicht aus kindlicher Ablehnung, sondern aus Sorge darum, daß eine Überbewertung von ökonomischen[52] Untersuchungsmethoden und Forschungsmethoden und ihre Übertragung auf *alle* Gebiete des gesellschaftlichen Lebens der sozialistischen Bewegung geschadet hat. Diese Erfahrung glaube ich gemacht zu haben, und aus dieser Sorge heraus wollte ich – in etwas grober Form – die Aufmerksamkeit auf solche Gedankengänge richten.

Wenn wir – und das werde ich noch beweisen – der Auffassung sein müssen, daß das Hauptübel, an dem die sozialistische Bewegung gekrankt hat, totalitäre Tendenzen sind, die sich in ihr[53] entwickelt haben – und ich glaube, einen Ausgangspunkt für solche Tendenzen gefunden zu haben

in der Reduzierung des Sozialismus auf eine bloße Lehre von der Strategie und Taktik des Kampfes zur Befreiung der Arbeiterklasse – wenn wir sagen, dadurch hat der Sozialismus die Tuchfühlung[54] verloren (wenigstens in Deutschland) und[55] eine Kluft aufgerissen zwischen sich und anderen progressiven Kräften –, so müssen wir auch, um die folgenschwere Auswirkung begreifen zu können, die Auswirkung nach der anderen Seite[56] betrachten. Indem sich der Sozialismus selbst reduzierte zum[57] strategisch-taktischen Lehrmeister der Arbeiterbewegung und man[58] glaubte, es käme nur noch darauf an, diesen Klassenkampf der Arbeiterklasse wie einen Krieg zu führen, an dessen Ende der Sozialismus[59] sich automatisch einstellen müsse – damit hat der Sozialismus auch der eigentlichen Arbeiterklasse geschadet[60]. Denn das Verhältnis der politisch organisierten Sozialisten zu den Organisationen der[61] breiten Massen der Arbeiter, der Gewerkschaften z. B. oder noch breiteren Bewegungen wie den Genossenschaften, dieses Verhältnis wurde mitunter[62] das des Schulmeisters zum Abc-Schützen oder des Generalstabs[63] zu einer Armee, die Kehrtwendungen zu machen hat je nach dem Kommando der sozialistischen Bewegung. In klassischer Form haben wir das am russischen Beispiel.
Ich sage nichts Neues, wenn ich auf die Gegensätze und die viele Bitterkeit aufmerksam mache, die, wenn man die Geschichte unserer Bewegung durchliest, immer wieder zum Durchbruch kommt zwischen Gewerkschaft und Partei und Genossenschaft und Partei; das zu untersuchen, wäre eine reizvolle Aufgabe. Hat auf der einen Seite

der Sozialismus sich selbst gelöst aus einer ganzen Reihe anderer humanitärer und freiheitlicher Bestrebungen, die z. T. religiösen[64] Ursprung hatten, so hat er auf der anderen Seite nicht ausschließlich[65] Positives bei der Arbeiterbewegung erreicht, er hat die Arbeiterbewegung sogar eingeschränkt[66], er hat sie, statt ihr zu helfen, die breitestmöglichen Formen zu gewinnen, auf Bahnen gedrängt, die es breiten Schichten unmöglich machten, ihr auf diesen Gedankengängen zu folgen. Sie paßten nicht ins Schema dieser orthodoxen Auffassung.
In der deutschen Bewegung waren es immerhin noch erträgliche Spannungen, und sie haben hier vor dem Ersten Weltkrieg nie zur Katastrophe geführt. Aber sie ist inzwischen ausgereift in den Lehren von der Rolle[67] der Partei, die uns später in klarer Form vorgelegt worden sind, zu der klassischen Lehre der russischen Bolschewiki. In der russischen Bewegung, die ja schon frühzeitig majorisiert wurde von der Richtung der Bolschewiki, entwickelt man die Lehre vom Sozialismus zu einer Lehre von der Strategie und Taktik zur Befreiung der Arbeiterklasse. Und wenn ein bolschewistischer Parteifunktionär examiniert wird, muß er auf die Frage: Was ist Sozialismus? die Antwort geben: Sozialismus ist die Lehre von der Strategie und Taktik des Befreiungskampfes der Arbeiterklasse. Der Vorwurf, den speziell Stalin in seinen Schriften gegenüber der westeuropäischen Bewegung erhob, ist, daß sie niemals zu einer solchen[68] Lehre von der Partei sich durchgerungen hätte. Er empfand es als eine Schwäche, daß dort noch zuviel Demokratie und Liberalismus vorhanden

waren und leben konnten, während die Richtung der Bolschewiki sozusagen eine glasklare Doktrin von der Rolle der Partei entwickelt und formuliert hat. Es wäre falsch, zu glauben, das wäre nur die Entstellung des eigentlich von Lenin Gedachten durch Stalin. Stalin hat in vielen Punkten seinen eigenen Lenin geschrieben, aber was er über die Lehre des Sozialismus und die Rolle der Partei ursprünglich geschrieben hat, das hat seine Wurzeln in den Ideen von Lenin selbst, obwohl es dort in viel menschlicherer, geschmeidigerer, liebenswürdigerer Form auftritt, entsprechend den Verschiedenheiten dieser[69] Menschen und den verschiedenen Bedingungen. Aber es bleibt die Tatsache, daß durch diese Lehre vom Sozialismus und von der Partei, wie sie in der russischen Theorie entwickelt worden ist, eine hierarchische Ordnung eingeführt worden ist und als das Charakteristikum für die sozialistische Bewegung postuliert wurde. Nach dieser Auffassung ist Sozialismus eine hierarchische Ordnung, und nach den gemachten Erfahrungen können wir uns heute erlauben, zu sagen: Die dieser Lehre entsprechende Praxis[70] bedeutet für diejenigen, die unten sind und auch für die etwas weiter oben, für alle, die nicht auf der obersten Stufe stehen: Versklavung[71], die besonders dort wirkungsvoll ist, wo diese Lehre und die totalitären Tendenzen getragen werden und ausgehen von einem Machtzentrum, wie es jetzt der russische Staat ist.

Aber wir haben diese Tendenzen auch in anderen Gruppen, die nicht in Übereinstimmung stehen mit dem russischen Staat. Wir haben Gruppen, die man – z. T. fälschlicherweise[72] – zusammenfaßt unter der Bezeichnung »Trotzkisten« und was es sonst noch alles gibt, und alle diese Gruppen setzen eigentlich auf winzigen Inselchen fort, was ihr Ausgangspunkt, gestützt auf einen großen und starken Staat, praktiziert. Und während wir der totalitären Lehre, die von dem modernen Rußland ausgeht und sich überall in die Arbeiterschaft hineindrängt, zu verdanken haben Gleichschaltungstendenzen, geistige Verflachung der Menschen, die sich dieser Lehre unterwerfen, ihre geistige Versklavung, die so weit geht, daß sie am Schluß nicht mehr sich selbst trauen dürfen, so haben wir den totalitären Tendenzen, die von diesen kleinen Splittergruppen ausgehen, zu verdanken: Selbstzerfleischung, die dazu führt, daß alle diese Gruppen sich in immer kleinere auflösen. Die Folge dieser ganzen Auffassung, die begonnen hat mit der Reduzierung des Sozialismus, die dann von der russischen Schule ausgebildet worden ist zu einer bis ins einzelne gehenden Doktrin über die Partei, über die Rangordnung der Organisationen der Bewegung und der Menschen in diesem System – die Folge dieser Entwicklung mußte sein die Kriminalisierung aller nicht mit dem offiziellen Dogma übereinstimmenden Tendenzen, Gedanken und deren Träger. Denn wenn die absolute Wahrheit sich postuliert in einer Klasse, in einer Partei, in einem Staat und in dem Mann, der diese Wahrheit einzig und allein ausdrückt – und auf nichts mehr und nichts weniger läuft diese Totalitätslehre hinaus –, dann muß jeder, der es wagt, ketzerische Gedanken zu äußern, kriminalisiert werden.

Wir haben es erlebt, daß aus Kämpfen um taktische Meinungsverschiedenheiten, aus Kämpfen um Ideen-Nuancen Kämpfe wurden, die geführt wurden als Kämpfe gegen Klassenfeinde oder im Dienste des Klassenfeindes Stehende. Man kann das lesen bei all diesen pro-sowjetischen und mit diesem System liebäugelnden Literaten, die sagen: Politische Gegner gibt es bei uns nicht, sie werden verurteilt wegen krimineller Taten. Das führt in Rußland zur Vernichtung von vielen Millionen Menschen, die wahrscheinlich[73] der Summe der in Nazi-Deutschland vernichteten nicht nachsteht.
Lenin[74] sagt zwar in seiner Schrift »Was tun?«, daß man den Sozialismus hineintragen müsse in die Arbeiterklasse. Für ihn war es noch klar, daß Sozialismus etwas ist, das[75] sich nicht einfach selbsttätig[76] aus dem Klassenkampf entwickelt, sondern daß man ihn hineintragen muß in die Arbeiterklasse und die Arbeiterbewegung. Aber schon bei ihm selbst und erst recht bei seinem Epigonen ist von diesem Hineintragen und von dem, was der Sozialismus mehr ist als eine strategisch-taktische Lehre, nichts mehr übriggeblieben. Die Praxis ist eine entgegengesetzte. Das hat dazu geführt, daß das, was an sozialistischem Gerechtigkeitsgefühl z. B. im einzelnen Arbeiterfunktionär lebendig war, durch Routine und durch eine Menge von Erlebnissen, die ihn abstumpften oder sogar brutalisierten, daß also diese vorhandenen sozialistischen Gedanken, Vorstellungen, gefühlsmäßigen Werte vernichtet worden sind. Sie haben Sozialismus nicht hineingetragen in die Arbeiterbewegung, sondern die praktische Folge dieser tota-

lisierenden[77] Lehre ist, daß sie die Arbeiterbewegung noch säubern von[78] und immunisieren gegen wirkliche sozialistische Impulse, weil sie diese immer kriminalisieren, wenn sie sich nicht vorspannen lassen vor die augenblicklichen Machtinteressen des Staates oder *der* Gruppe, die die absolute Wahrheit verkörpert.

Die Folge davon ist, daß sowohl die Organisationen, die am stärksten unter dem Einfluß dieser Lehre stehen, als auch die Organisationen, die an der Peripherie stehen, mehr und mehr zu militarisierten Gebilden geworden sind, in denen es nicht mehr üblich ist, über Ideen zu streiten, um Gedanken sich auseinanderzusetzen, sondern nur um die Personalfragen bei der Besetzung von Machtpositionen, um die Durchführung von Beschlüssen nach den Gesichtspunkten[79] der größten Zweckmäßigkeit.

Wenn wir heute eine ganze Reihe von internationalen Organisationen genau ansehen – ob das nun die neue Gewerkschaftsinternationale ist oder ob das die großen Mammutorganisationen der Jugend aller Länder oder der Studenten oder der Frauen aller Länder sind, in denen viele[80] Millionen zusammengefaßt sind –, so haben wir in diesen Mammutgebilden abschreckende Beispiele dafür, wohin diese totalitären Tendenzen, die damit angefangen haben, den sozialistischen Gedanken zu reduzieren, schließlich führen: sie führen zur Lähmung und dazu, alle Volksbewegung ad absurdum zu führen. Alle diese Organisationen sind aufgrund diplomatischer Erwägungen, aufgrund von außenpolitischen Machtkonstellationen zusammengesetzt worden, sind keine Organisationen mehr, in denen man wirklich spürt: hier hat sich ein Kreis von gleichdenkenden oder weitgehend übereinstimmenden Menschen gefunden, die bestimmten Zielen nachstreben, sondern man hat es mit Organisationen zu tun, die gleich denen, die wir in den 12 Jahren hatten, riesig groß sind, aber abgesehen davon nichts[81] anderes sind als Organisationen zur Lahmlegung der möglichen Aktivität ihrer einzelnen Mitglieder, die eingefangen sind in dem riesigen Apparat und machtlos gemacht werden. Dieser[82] neue Typ von Organisation[83] ist nichts anderes als eine Art von Monopol-Organisation, in denen die Menschen, die in ihnen sind, faktisch bedeutungslos geworden sind. In diesem Rahmen hat die sogenannte individuelle Freiheit, die Freiheit schlechthin, keinen Platz, und damit hat ein wesentliches Element des Sozialismus keinen Platz.

Man könnte sagen: »Das ist reichlich einseitig und pessimistisch gesehen und nimmt zuviel Rücksicht auf schlechte Erfahrungen, die man auf der russischen Seite gemacht hat, in Deutschland könnte es nie zu einer solchen Entartung kommen.« Es ist zu solchen Entartungen in den 12 Jahren gekommen, und es ist möglich, daß es in anderen Ländern ebenso dazu kommt – es ist nicht gesagt, daß der Totalitarismus mit dem[84] Nazismus das letzte Wort gesprochen hat.

Man könnte, soweit es sich um die Entartung eines Teils der Arbeiterbewegung handelt, gewisse, wenn auch nicht ganz erschöpfende ökonomische Erklärungen geben. Man könnte z. B. sagen, daß bei dem gegenwärtigen[85] Kampf, der um die Führung in der sozialistischen Bewegung ausgefochten wird, die totalitären Tendenzen Ausdruck ökonomischer Kräfte sind, die die Interessen neuer nationaler Monopole vertreten im Kampf gegen die alten organisch entwickelten internationalen Monopole und ihre Vertreter[86]. Aber diesen Gedanken gebe ich nur mit hinein, das könnte bis zu einem gewissen Grade als Erklärung gesagt werden.

Worüber wir uns aber klar werden müssen, ist: Deutschland ist nicht ein Land, in dem man abgeschlossen von anderen Ländern Politik oder überhaupt irgend etwas machen kann[87]. Die Gegensätze, die sich bei den Konferenzen draußen zeigen, haben ihren Widerhall in der deutschen Politik und den politischen Bewegungen. Von den Kräften, die heute in der SED verkörpert sind, wird ganz bewußt und zynisch Politik heute als eine Tätigkeit bezeichnet, in der es darauf ankommt, entweder die eine oder andere Machtgruppierung zu vertreten. Wir finden aber auch bei gutgesinnten Menschen die verzweifelte Frage: Ja, wenn es zum Schluß darauf ankommt, sich zu entscheiden für die eine oder andere Großmachtbewegung, müssen wir uns nicht doch entscheiden für diejenige, die nicht kapitalistisch ist?

Ich glaube, von einer solchen Verzerrung muß man wegzukommen versuchen. Deswegen wollte ich zeigen, daß die Gefahr der Arbeiterbewegung droht von den totalitären Tendenzen, die vor 1933 zu einem Machtkampf geführt haben, totalitäre Tendenzen, die dann zurückgetreten sind angesichts der Schläge, die alle sozialistisch gesinnten Menschen vom Nazismus bekamen. Diese[88]

Tendenzen sind aber[89] nur scheinbar zurückgetreten[90], in Wirklichkeit sind sie aber[91] auch in dieser Zeit in anderem Gewande weiter[92] entwickelt worden[93], denn es kam ihren Trägern[94] nur darauf an, sich nicht wegspülen zu lassen vom regierenden Totalitarismus, um nach dessen Niederlage wieder hervorzutreten. Und das erleben wir und werden es weiter[95] erleben, daß nun der Kampf unter wechselnden Verkleidungen geführt wird, mit Methoden der Korruption, mit Methoden der brutalen Gewalt und mit noch[96] anderen Nuancierungen. Deswegen scheint es mir unter Sozialisten notwendig, darüber zu sprechen und an der Klärung dessen zu arbeiten, was wir zu verstehen haben unter dem Verhältnis der sozialistischen Bewegung zur Arbeiterbewegung insgesamt, und was wir tun können, um die sozialistische Bewegung zu retten und sie zu verteidigen gegenüber den zweifellos heute[97] und morgen mit einigen Wahlniederlagen nicht[98] endenden Angriffen der totalitären Richtung, die auch behaupten, eine Richtung der Arbeiterbewegung zu sein, in Wirklichkeit aber ein Exponent von Kräften ist, die in der großen Weltpolitik nichts anderes vertreten als die Kräfte eines neuen, auf nationale Monopole sich stützenden Imperialismus.
Der Sozialismus ist nicht nur eine Frage von Eigentumsverhältnissen an den Produktionsmitteln. Derjenige, der Rußland erlebt hat, wird das ganz besonders verstehen können. Sondern der Sozialismus ist vor allem eine Rechtsfrage im weitesten Sinne. Den Sozialismus reduziert zu haben zu einer Frage der Eigentumsverhältnisse an den Produktionsmitteln, das habe ich als den mögli-

chen Anfang für die Totalitätstendenzen zu kennzeichnen versucht.
Wir brauchen eine sozialistische Bewegung in Deutschland, die, auch wenn sie von ganz anderen Ausgangspunkten hergekommen und auch wenn sie belastet ist mit ganz anderen Erfahrungen, Lehren und Doktrinen wie etwa die englische – wir brauchen eine sozialistische Bewegung, die versucht, trotzdem die gleiche Aufnahmefähigkeit, Elastizität für alle im weiten Sinne sozialistisch orientierten Kräfte, Strömungen und Bewegungen darzustellen. Wir müssen also von unserem – mancher hat gesagt: typisch deutschen, aber es war auch: typisch russischem – Doktrinarismus[99] sehr viel überwinden, um zu einer solchen lebendigen, elastischen, dabei doch nicht opportunistischen sozialistischen Bewegung zu werden, die nicht geschmiedet ist an die sogenannten Tagesfragen des Arbeiterkampfes, die aber[100] diesen Arbeiterkampf auf das Intensivste fördert, gerade weil sie über ihn hinausgeht und ihm etwas zu geben hat. Das ist eine schwere Arbeit für uns und bedeutet, manches zu tun, was als Respektlosigkeit gegenüber den anerkannten Autoritäten unserer Bewegung ausgelegt wird. Man kann aber nach solchen tiefen Abstürzen nicht anders Fortschritte erzwingen, als dadurch[101] daß man sich als respektlos erweist gegenüber Dingen, die einem heilig gewesen sind, die sich aber doch nicht als unantastbar[102] erwiesen haben, wie[103] man geglaubt hat.
Die Einheit der proletarischen Klassenbewegung ist eine Sache, über die ich hier[104] nur im Vorbeigehen spreche.

Daß man die Arbeiterorganisationen, die Gewerkschaften bewahren muß vor der Zersplitterung, das ist nichts Neues. Daß aber der ärgste Feind dieser Organisationen gerade diejenige Tendenz innerhalb der sozialistischen Bewegung ist, die die Lehre vertritt, der Sozialismus sei nichts anderes als die Lehre von der Strategie und Taktik des Befreiungskampfes der Arbeiterklasse, das haben wir nicht nur erlebt in der Zeit der Spaltungen.
Hierin liegt eine Lebensfrage für den Sozialismus: ob er sich freimachen kann von dem Ballast, den er bekommen hat in einigen Jahrzehnten theoretischer Arbeit, die neben einigem Guten viel Gefährliches angerichtet hat.

Diskussion:

Dr. Hecht: Die Ausführungen sind doch gemeint als Rede über die Toleranz in der Partei. Die Toleranz muß man zwar dem Gleichgesinnten gegenüber aufbringen, aber wie man sich in einer Ehe besonders bekämpft, kann man sich besonders hart treffen innerhalb einer Bewegung.
Diese Differenzen gehen doch nicht nur zurück auf Lenin und Taktik; wir können sie schon in dem Streitfall Marx – Kropotkin finden, die haben sich schon viel stärker bekämpft und kriminell beschimpft, und ebenso bei Lassalle und Marx. Wäre Lassalle am Leben geblieben, hätte es schon einen früheren Hitler gegeben. Es ist dieselbe Frage zwischen den Anarchisten und Kommunisten, die sich in der Revolution entscheiden mußten, wie sie gehen wollten. Im Moment der Revolution ist nicht mehr Zeit zum Diskutieren, das muß vorher abgemacht werden. In der Revolution ist so etwas nötig wie eine totalitäre Führung, sonst wird nichts daraus.
Man soll sich nicht verheimlichen, daß MacDonald, der Lord Haw Haw, Mussolini und andere einmal zu den Sozialisten gehörten, nachher jedoch kriminell geworden sind. Daß jeder, der über Sozialismus redet, Genosse ist und niemals verdrängt werden darf, halte ich nicht für richtig. Wir sollen Toleranz üben, aber sie muß eine

Grenze haben. Es gibt in der sozialistischen Bewegung genügend Überläufer und Abtrünnige, die nachher den Sozialismus an den Kapitalismus verraten. Wenn gesagt wird, daß Gewerkschaften eine Klassenorganisation sind, möchte ich bestreiten, daß sie sich immer so aufführen. Beispiel: die amerikanischen Gewerkschaften.
Ich verdamme es, daß so viele anständige kommunistische Genossen von den Sowjets hingerichtet wurden, aber es liegt doch schon viel Kriminelles in den Abtrünnigen der sozialistischen Bewegung begraben.
Zur Vergangenheit: Es ist doch nicht so oberflächlich, zu sagen: wären wir 1933 einig gewesen und – und das ist das Wichtigste – hätten wir dann wirklich dem Nationalsozialismus Widerstand geleistet, wären wir nicht in dieses Debakel hineingekommen. Aber Wenn und Aber sind überflüssig.
Wagner: Das Problem auf die Toleranz zu reduzieren scheint mir einen Kernpunkt nicht getroffen zu haben. Es geht um viel Wesentlicheres, es handelt sich um die Frage: Ist der Sozialismus eine Idee, die aus dem Kampf der Arbeiterklasse heraus geboren worden ist oder ist der Sozialismus mehr? Gerade wenn Hecht das Beispiel der amerikanischen Gewerkschaften anführt, ist das der überzeugendste Beweis dafür, daß der Klassenkampf an sich nicht genügt, um zum Sozialismus zu kommen, ja, daß er noch nicht mal dazu beiträgt, den sozialistischen Gedanken zu gebären. Wie lange kämpft man in Amerika um den Gedanken: es muß eine sozialistische Partei geschaffen werden, aber man kommt nicht dazu. Wir

müssen doch tiefer zurückgehen und daran denken, daß das sozialistische Gedankengut nicht mit Marx geboren worden ist, auch nicht bei den Utopisten, sondern daß sozialistisches Sinnen und Streben so alt ist, wie es überhaupt Unterdrückung und Ungerechtigkeit gegeben hat, auch wenn man diesem Streben nicht den Namen Sozialismus gegeben hat. Und die Verbindung des modernen Sozialismus mit allen diesen Bestrebungen der Vergangenheit muß gewährleistet sein, wenn wir überhaupt Sozialismus in seinem tiefsten Kern verstehen wollen. Hier dreht es sich nicht um die Frage der Toleranz, sondern um viel mehr. Natürlich ist es notwendig, das hat Marx aufgezeigt, diesen Kampf zu führen aufgrund der Verhältnisse, die wir vorfinden, sonst muß der Kampf utopisch werden. Ich muß die gesellschaftlichen Verhältnisse untersuchen, die Tendenzen, um alle Kräfte zielbewußt einzusetzen zur Erreichung dieses Zieles. Aber auch dann sieht man, daß der Sozialismus über diesen Kämpfen steht, denn er will doch alle diese Kräfte, die nach Befreiung streben, einordnen in diesen sozialistischen Kampf. Der sozialistische Gedanke steht über allem Klassenkampf. Das hat Lenin so klar eingesehen: wir müssen den Sozialismus in die Arbeiterschichten hineintragen, aber wir müssen uns bewußt bleiben, daß wir eben den sozialistischen Kampf zu führen haben und uns nicht nur identifizieren mit dem Klassenkampf. Das ist der Ausgangspunkt, um das wesentliche Problem zu verstehen, das Wehner hier aufgezeigt hat. Dann kann man ganz entscheidende Folgerungen daraus ziehen. Dann gehen

auch alle Illusionen verloren, die sagen: wenn die Einheit hergestellt wäre ...
Wenn wir den richtigen Kampf geführt hätten, hätten wir den Nationalsozialismus vermeiden können. Damit wird eingesehen, daß die Einheit durchaus nicht genügt. Was für den Sozialismus gewonnen ist durch die Einheit, die die SED praktiziert, ist unauffindbar.
Hier steht letztenendes jene Frage im Mittelpunkt, die wir auch im Klassenkampf zu berücksichtigen haben, die ein integrierender Bestandteil des sozialistischen Gedankens überhaupt ist: das ist das Bestreben des Menschen nach Freiheit und Gerechtigkeit. Und wenn man diesen Gesichtspunkt in den Mittelpunkt unseres Kampfes stellt, vermögen wir aus den sozialistischen Kämpfen unserer Zeit den richtigen Weg zu gehen, um diese beiden Postulate zum Sieg zu bringen. Der Kampf ist Jahrtausende alt. Der Kampf um die Sicherung von Freiheit und Gerechtigkeit bleibt so lange eine Utopie, als wir es nicht vermögen, ihn aufgrund der Verhältnisse zielbewußt zu gestalten.
Schult: Auch ich fasse den Sozialismus nicht nur als eine Regelung der Lebensverhältnisse auf. Er ist für uns bedeutend mehr, er umfaßt nicht nur das Materielle, auch das ganze geistige und seelische Leben. Er ist im letzten Grunde eine Haltung des Menschen zum Menschen und die Einordnung des Menschen in eine größere Gemeinschaft mit der Absicht, diesem Grundgedanken zu dienen. Nun sehe ich eine große Reihe von Gefahren, die in der Organisierung der Arbeiterklasse und auch des sozialistischen Kampfes liegen. Ich will auf totalitäre Dinge, die dabei

eine Rolle spielen, aufmerksam machen, weil sie sich auch wieder mitten unter uns abspielen; dadurch bildet sich eine gewisse Verdrossenheit in den Kreisen unserer Parteifreunde. Je größer die Zahl der Menschen, die einer Organisation angehören, um so größer muß der Apparat aufgebaut werden, der das Ganze reguliert. Dieser Apparat macht sich leicht selbständig und zum Machtinstrument, nicht nur um nach außen die Masse der Angeschlossenen zu vertreten, sondern auch in der Beherrschung der eigenen Mitgliedermassen. Das ist auch ein Kennzeichen in Rußland; dort ist das so konsequent durchgeführt, daß das Volk nur Objekt des politischen Handelns ist. Hier fehlt im letzten Grunde die Anerkennung des einzelnen Menschen als eines menschlichen Wesens. Es werden hier alle materiellen und zum Teil auch geistige Dinge von oben geregelt. Diese totalitäre Haltung ist eine Gefahr in allen großen Organisationen. Es gibt Diktatoren unter den Gewerkschaftsführern und in den Parteien, auch in denen, die sich demokratisch nennen. Die Demokratie in einer Organisation wirklich durchzuorganisieren, das will oftmals den führenden Demokraten nicht leicht gelingen. Für mich hört jede Möglichkeit zum Sozialismus da auf, wo auch schon innerhalb einer Organisation der einzelne nicht mehr das Bewußtsein haben kann, daß er als ein Glied der ganzen Bewegung auch wertvoll ist und gewertet wird. Wir haben diese Tatsache heute bei der Vermassung; und wenn der einzelne fühlt, daß er nur ein Stück der Masse ist, ist etwas faul. Und gerade eine sozialistische Bewegung, die nicht nur materielle Dinge neu regeln will, muß darauf Rücksicht nehmen, weil sie sonst zu dem führt, was wir in den amerikanischen Gewerkschaften sehen: man will partizipieren an dem einströmenden Reichtum, man wehrt sich seiner Haut, aber man gibt sich zufrieden, wenn man einen einigermaßen Lebensstandard gewonnen hat. Aber diese Zufriedenheit darf der Sozialist nicht haben. Damit kommen wir von einer sehr materialistischen Auffassung des Sozialismus zu einer ethischen, und das ist das, was bei denen, die noch Lehrlinge des Sozialismus sind, aber mit jugendlicher Begeisterung sich anschließen, unbewußt und nach außen drängend empfunden wird. Darum müssen wir den totalitären Ansprüchen entgegentreten, wo immer sie auftreten.

Voss: möchte das Augenmerk richten auf die sozialistische Literatur. Unsere Genossen sind auf das angewiesen, was aus Berlin hierher kommt, was aber meist propagandistisch eingerahmt ist. Es müsse schnellstens hier sozialistische Literatur herausgegeben werden.

Kähler: Die Schaffung eines breit angelegten Bildungswesens ist das Korrektiv, das die Mitglieder erzieht, um den Parteiapparat nicht zu einer Macht werden zu lassen. Wir streben in Hamburg diesen Zustand an.

Wenn man von der Gefahr einer Herrschaft der Parteibürokratie sprechen will: Es läßt sich eine große Bewegung nicht anders leiten als durch hauptamtliche Kräfte. Das Prä dieser Leute liegt darin, daß sie unmittelbar unterrichtet sind; sie haben den anderen etwas Wissen voraus, und unzulängliche Arbeiterführer bedienen sich dieser unangenehmen Art einer Hauspolitik, um immer etwas klüger

zu erscheinen. Wirklich Kluge tun das nicht, die wirken durch die Kraft ihrer Argumente. Sozialisten sind immer denkende Menschen. Es kommt darauf an, sie dazu zu erziehen, dann ist ein Korrektiv eingebaut.
Wenn wir zielbewußte Politik machen, werden wir diese notwendige Stabilität erhalten. Soweit wir das Wahlergebnis* auswerten, sind wir weit über den Rahmen einer Arbeiterpartei geradezu zu einer Volkspartei geworden.
Schult: Ich habe gar nicht so sehr an die Bürokratie gedacht. Das Repräsentativsystem hat den Nachteil, daß es zwischen die ausführende Instanz und den letzten Wähler eine Zwischeninstanz schiebt. Eine wahre Demokratie dürfte keine repräsentative sein. Es geht aber nicht anders. Nun müßte aber der ganze repräsentative Körper seine ihm übertragene Macht so ausüben, daß er in sehr lebendiger und menschlicher Verbindung mit der großen Masse der Auftraggeber bleibt. Das ist augenblicklich nicht der Fall.
Schult macht Vorschläge, Kurse einzurichten für junge Sozialisten.
Biel: ist unbefriedigt, auch von der Diskussion. Mit den Ausführungen des Gen. Wehner geraten wir hinein in eine gewisse utopische Gestaltung. Wir verlieren das, was man das reale Verhältnis zur Macht nennen könnte. Wenn man unterstellt, daß der Sozialismus in ganz großen Zügen schlechthin den Glauben an das Gute in sich verkör-

* Ergebnis der Hamburger Bürgerschaftswahl vom 13. Oktober 1946: SPD (43,18), CDU (26,78), FDP (18,28), KPD (10,48).

pert, liegt die andere Feststellung nahe, daß der Gegner des Sozialisten, den man im Materiellen als Kapitalisten bezeichnen kann, derjenige ist, der den Glauben an das Böse in seiner politischen Haltung vertritt, vielleicht das Böse schlechthin. Nun muß doch eine Form gefunden werden, die so lebenskräftig ist, daß sie dem entgegentreten kann, und das geht nicht mit einer Form, so groß, wie sie Gen. Wehner sieht. Wir brauchen ein stabiles, praktisches Verhältnis zur Macht, sonst können wir nicht unser Ziel verwirklichen.

Eskuchen: Ich finde die Ausführungen durchaus nicht utopisch, sondern durchaus wirklich, nur berühren sie uns augenblicklich nicht so sehr. Gen. Wehner sprach ja gar nicht vom praktischen Verhältnis zur Macht, er wollte uns zeigen, wo die Gefahr liegt. Wir sind in der Diskussion schon heruntergestiegen auf die platte Erde und auf die Hamburger Verhältnisse. Das finde ich sogar sehr zweckmäßig und will auch ganz klar sagen, daß hier manches nicht stimmt.

Wir sind sozusagen der geistige Sauerteig in der Partei – ohne uns rühmen zu wollen, können wir das konstatieren. Alle geistige Arbeit, die in Hamburg geleistet worden ist – nicht nur für Hamburg, sondern auch für Hannover* –, ist von hier ausgegangen, das ist das Verdienst Petrikowskis und seiner Mitarbeiter. Und nun sehen wir, daß die Partei sehr gern die Resultate dieser Arbeit angenommen hat und sogar stolz darauf ist, aber auf der anderen Seite von

* Hannover war zunächst Sitz des Parteivorstandes der SPD.

der Parteibürokratie nicht die Folgerung gezogen wird, daß wir nun auch Ansprüche haben und zu Wort kommen können. Ich glaube, wir müssen das aber, was Gen. Schult ausgeführt hat: die Durcharbeitung der jetzt in die Partei einströmenden Leute und der schon vorher darin organisierten, zumal der Jugendlichen, die durchaus noch nicht genügend über Sozialismus informiert sind. Unsere Aufgabe ist, hier die Dinge zu ändern und die jetzt schon beginnende Unzufriedenheit der in der Partei Organisierten nicht zu groß werden zu lassen, sondern ihnen etwas zu bieten. Wir haben es immer als unsere Aufgabe betrachtet, den Kontakt nicht nur mit den Genossen, die in unseren Arbeitsgemeinschaften sind, sondern mit der breiten Masse der Parteigenossen aufrechtzuerhalten und haben auch schon unsere Pläne, wie wir in Bezirken und Distrikten arbeiten wollen. Jetzt nach den Wahlen muß die Arbeit losgehen, und wir wollen ruhig klar und deutlich sagen, welche Ansprüche wir haben und was wir verlangen: daß die sozialdemokratische Partei eine demokratische ist. Daß sie nicht immer sozialistische ist, wissen wir schon lange. Es gibt auch Sozialisten darin, aber Demokraten gibt es noch weniger. Wir vertreten den Geist, und der Geist ist die Macht, und wir verehren die Ratio.

Petrikowski: Wir sind vom Thema abgewichen, vielleicht sind das die Abklänge des Wahlkampfes. Wenn wir zum Ziel unseren Wollens und unseres Kampfes kommen wollen, zum Sozialismus, dann müssen wir uns ganz klar das Ziel stecken. Dieser Aufgabe hat ja unsere Arbeit gedient, zu sagen, wie wir uns den Sozialismus vorstellen, und

diese Vorstellung muß in die breiten Massen hineingetragen werden. Wenn wir sagen: Freiheit und Gerechtigkeit sind das Ziel, müssen wir auch erklären, was wir uns darunter vorstellen. Wenn wir aber sagen: der Weg, der dahin führen soll, ist die Demokratie, liegt darin eine große Gefahr, denn wir sind sehr leicht geneigt, weil wir unter dem Gesetz der großen Zahl stehen, hier Konzessionen zu machen. Und wenn Wagner sagte, es ist eine unbedingte Notwendigkeit, daß die Labour Party sich zu einer Sozialistischen Partei entwickelt, so ist es ebenso notwendig, daß alle anderen sozialistischen Parteien sich zu Arbeiterparteien entwickeln. Die große Gefahr, die in dem demokratischen Weg liegt, ist, daß unser Ziel Freiheit und Gerechtigkeit verwässert wird. Und wenn nun auf der anderen Seite Kräfte auftreten, die die totalitäre Form anstreben und mit totalitären Mitteln dieses Ziel zu erreichen versuchen, muß man untersuchen, ob dieser Weg tatsächlich gangbar ist. Wenn wir sagen, der Weg zu Freiheit und Gerechtigkeit kann mit den totalitären Kräften nur über die Revolution gehen, dann ist die Frage, mit welchen Mitteln Revolutionen möglich sind, wenn die große Masse noch nicht die Ziele begriffen hat, für die wir kämpfen.
Wir müssen immer wieder Mahner sein, keine Konzessionen zu machen.

Schlußwort Wehner:

Es tut mir leid, wenn bei einigen Genossen[105] der Eindruck entstanden ist, als ob ich einem mystischen Sozialismus das Wort redete[106]. Ich habe nicht von meiner Vorstellung von Sozialismus überhaupt[107] geredet, aber auch kein erschöpfendes Referat gehalten über den Zustand in der sozialistischen Bewegung. Was ich wollte: hier in einer kleinen Stunde einige Probleme zur Diskussion stellen. Ich bin[108] als ein Mensch, der lernen will, gekommen[109], und ich bilde mir nicht ein, daß 25 Jahre Kampf in der Arbeiterbewegung mich prädestinieren dazu, mich hinzustellen, um etwa neue Doktrinen aufzustellen. Ich nehme an, es wird auch noch möglich sein, über einige grundsätzliche Fragen in diesem Kreis zu einer grundsätzlichen Verständigung zu kommen.

Zuletzt wurde in der Diskussion[110] von Gefahren gesprochen, die der Weg der Demokratie bringt. Diese Gefahren sind lächerlich geringfügig im Vergleich zu der Gefahr, die der Weg der Diktatur bringt. Ich verweise auf einen Aufsatz des norwegischen Dichters Överland, in dem der Mann (der früher ein idealistischer Kommunist war, der durch die deutschen KZ's gegangen ist, schwer gelitten hat und in Norwegen zum Mittelpunkt der Widerstandsbewegung geworden ist mit seinen

Schriften und Gedichten) das Resümee zieht und sagt: Gewiß, man hält uns entgegen: Demokratie – das sind Parlamente, Kommissionen[111], das ist Geschwätz und viel Leerlauf, und das stimmt auch. Und dennoch, wenn wir die Nachteile des anderen Weges damit vergleichen, bleibt für Sozialisten nichts anderes, als sich an diesen doch gangbaren demokratischen Weg zu halten. – Das ist seine Erkenntnis und die vieler anderer Menschen, die sich nicht mehr von Schlagworten führen lassen, denen es so gegangen ist, daß sie – z. T. erst während des Krieges – begriffen haben, daß das, wofür sie kämpften[112], nicht das ist, wofür sie zu kämpfen meinten[113]. Wie[114] den Frontsoldaten ist es vielen Sozialisten gegangen, die zur kommunistischen Internationale gingen, weil sie dachten, dort aktiver kämpfen zu können, und so ist es mir auch gegangen. Man hat schon vieles mißbilligt, aber gedacht, daß man aushalten müsse, auch wenn man dabei vor die Hunde geht[115]. Es[116] hat nichts mit Mystik zu tun, wenn ich sage, daß ich es als eine der wesentlichen Aufgaben betrachte, zu warnen vor den totalitären Tendenzen. Derjenige, der nur die deutschen Erfahrungen hat, hat vom Totalitarismus nur 49% erfahren. Wenn er 100% erfahren will, muß er die 51% des russischen Totalitarismus auch noch kennenlernen. Wenn er das anzweifelt, will ich einen ganzen Abend mit Namen und Daten und Beispielen aufzeigen, wie ein wertvoller[117] Fundus von Ergebenheit zu den[118] sozialistischen Ideen dort zugrunde gerichtet worden[119] ist.

Dieses Wahlergebnis könnte uns über etwas täuschen,

nämlich darüber, daß die eigentliche Aufgabe noch vor uns liegt. Da kommt hinzu, was man als das eigentliche Verhältnis zur Macht bezeichnen[120] könnte. Ich kann nicht sagen: Nun ist die SED nichts mehr, was Macht werden könnte, denn[121] sie ist es doch wegen der Tendenzen, die dort wirken, und die nicht aufhören zu wirken, weil sie das Wesen dieser Gruppierung sind und sich stützen auf eine reale Macht, auf einen Staat, der nichts mit Sozialismus zu tun hat. Ich habe mit einigen sozialistischen Genossen gesprochen, die sagen: »Wenn man abwägt, gibt es dort doch kein Eigentum an Produktionsmitteln, und wenn es noch nicht Sozialismus ist, muß doch die Tendenz zum Sozialismus dort begründet sein.« Das hat mich nochmals dazu[122] aufgestachelt, daß man immer wieder den Stier bei den Hörnern packen muß: Die Gefahr liegt bei den totalitären Tendenzen.
Ich sage nicht: Wir müssen den Sozialismus aus dem Leben heraus in irgendwelche luftige Regionen zu verpflanzen suchen[123]. Aber gegen solche Vorstellungen, daß auch dort Sozialismus sei, wende ich mich. Dort ist kein Wille, dort sind keine Tendenzen zum Sozialismus, selbst wenn 4/5 der Menschen dort subjektiv der Meinung sind, sie seien Sozialisten. Wenn man auch weiß, es sind grundehrliche Menschen, so sind sie doch wie jene Frontsoldaten, die nicht wissen, wofür sie kämpfen. Wenn sie dann andern Menschen gegenüber Dinge, die sie im internen Kreis kritisieren, nicht mehr kritisieren, sondern verteidigen[124], dann werden sie damit zu einem Werkzeug einer Macht, die dem Sozialismus fremd ist[125]. Die organisatori-

sche Hauptaufgabe der Träger dieser Tendenzen[126] ist, Millionen von Kanäle zur Arbeiterbewegung[127] zu schaffen. Siegen sie auf irgendeinem Punkt, treten sie verhältnismäßig offen auf; verlieren sie, werden sie sich neuer Tarnungen bedienen. Dagegen muß man sich rüsten, kann das aber nur, wenn man weiß, mit wem und womit man es zu tun hat bei[128] dieser Kraft, die die Arbeiterbewegung gelähmt hat und lähmt in den entscheidenden Situationen.

Ich habe von der Kriminalisierung sozialistischer Genossen gesprochen, und Genosse Hecht sagte: So schlecht es ist, der Gegner hat eben die Tendenz, kriminell zu werden. In Rußland ist es mir so gegangen: Wenn ich mit irgendeinem ernst zu nehmenden Menschen unter Wahrung aller Vorsicht gesprochen habe von den Geschehnissen, von denen die Welt nur einen Bruchteil erfährt, habe ich folgende Antwort erfahren: »Es ist besser, daß Tausend Unschuldige von der Verhaftung getroffen werden, als daß ein Schuft unerkannt und unbestraft entkommt.« Es ist dasselbe Prinzip wie im Nationalsozialismus. Das ist nicht zufällig, und ich mache keine formalistische Gleichstellung[129], sondern diese gleiche Methode entspringt einer sehr verwandten Grundauffassung und sogar[130] verwandten Tendenzen in der[131] Wirtschaftsstruktur.

Es ist nicht so, daß ich Angst hätte vor den realen Machtverhältnissen oder davor, daß irgendwie der Sozialismus in die Praxis eintritt, daß, wo gehobelt wird, auch Späne fliegen. Es geht nicht um das Spänefliegen, sondern darum, daß man den Menschen als Span bezeichnen kann, daß ein Mensch, der nur einmalig ist, als Span betrachtet wird und also es sich gefallen lassen muß, wenn gehobelt wird, beiseite geschleudert[132] zu werden und nur[133] als Brennmaterial oder als Dünger zu gelten.

Es gibt eine ganze Reihe von Ländern, in denen die totalitären Strömungen in der Arbeiterbewegung, verkörpert durch die KP oder andere, die auf denselben Nenner gebracht werden können, das junge und aktivistische Element anziehen und die anderen sozialistischen und demokratischen Parteien und Richtungen zurückbleiben, mit einem zwar breiten, aber doch sich nicht im gleichen Tempo vermehrenden Kreis und Stamm von Menschen. Das haben wir auch in den skandinavischen Ländern erlebt. Was den totalitären Bewegungen geglückt ist, auch dem Nationalsozialismus, daß sie sich als die Bannerträger des Jungen, des Neuen bezeichnet haben, das gelingt in einer ganzen Reihe von Ländern diesen Strömungen. Das[134], was sich abspielt auf dem Gebiet der internationalen sozialistischen Bewegung, hat mehr oder weniger rasch seine Wirkungen auch hier und kann auch umgekehrt sein. Deswegen glaube ich, daß es notwendig wäre, auf die Hauptgefahr hinzuweisen. Ich wollte keine Deklarationen darüber vom Stapel lassen, daß wir natürlich von Herzen gern eine große, möglichst einheitliche Bewegung sehen möchten. Darüber zu sprechen[135], wie sie zustande kommen könnte, wie man ihre Stärke vergrößern kann – das wäre ein anderes Thema und ist eine Frage der politischen Praxis.

Ich glaube nicht, daß die Gefahr in der deutschen Partei so

akut wäre[136], daß man aufstehen und sagen müßte, hier geschieht etwas, worauf man achten muß. Aber nach wie vor wird der Kampf ausgetragen zwischen den großen Prinzipien der Demokratie und des Totalitarismus. Und weil viele innerhalb der sozialistischen Bewegung der Meinung sind, diejenigen, die im totalitären Lager stehen, sind nur etwas radikaler und im übrigen würde es uns nichts schaden, wenn wir etwas davon hätten, deswegen[137] wollte ich aufzeigen, daß es sich nicht um radikale, sondern um dem Sozialismus und der Demokratie entgegengesetzte Tendenzen handelt, obgleich sie ihren Ursprung in[138] der gleichen Arbeiterbewegung gehabt[139] haben. Bei der Überlegung der Ursachen kam ich auf den Gedanken, daß die Reduzierung des Sozialismus auf die Lehre von der Strategie und Taktik des Befreiungskampfes der Arbeiterklasse m. E.[140] als ein wesentlicher Punkt bezeichnet werden kann für die Weiterentwicklung zur totalitären Auffassung.

Wenn man nur nach dem äußerlichen[141] Eindruck geht, den die Berliner Zeitschriften machen, dann ist dort geistiges Leben. Aber es ist ein geistiges Leben auf Kommando, das heute in diese und morgen in jene Richtung laufen kann. Eine solche an und für sich und nach meiner Meinung untadelhafte Person wie die Schriftstellerin Anna Seghers hat kein Wort dazu gesagt, daß ihr Buch »Das siebte Kreuz«[142] verschwand bei dem Abschluß des Freundschaftspaktes* und nun wieder auftaucht als das

* Gemeint ist der Hitler-Stalin-Pakt von 1939.

große Dokument; aber es durfte als solches erst wieder anerkannt werden, nachdem sich die Lage verändert hat. So wirkt sich das totalitäre System geistig aus und so[143] könnte ich viele, Plievier und andere, aufführen[144].
Die Kriminalisierung des politischen Gegners beinhaltet das Fürchterlichste, die völlige Zerstörung jeder fortschrittlichen, jeder politischen, jeder Bewegung überhaupt, die nicht eine Polizeibewegung ist. Und wenn mir einer sagt: Ja, wenn es um die reale Macht geht, ist es unausweichlich, daß man hart vorgehen muß – bin ich bereit, Namen für Namen anzugeben von Leuten, die sich in ihrer Jugendzeit eingesetzt haben und geschlachtet worden sind für eine Sache, für die sie, wenn sie sie begriffen hätten, nicht den Finger gerührt hätten. Dort[145] ist in Wirklichkeit Irrationalismus. Der Nationalsozialismus war übersteigerter Irrationalismus, und dort haben wir theoretisch die Postulierung des nackten Realismus, und in der Politik und im Geistigen haben wir eine Mythenbildung, die viel kühner ist als die nationalsozialistische. Da wird von Sozialismus geredet, und in Wirklichkeit handelt es sich um Polizeigewalt. Aber einen Mythos zu schaffen, für den Leute aufs Schafott und in die Zuchthäuser gehen, das mag als eine geistige Leistung bewundern wer mag[146], ich kann es nicht, es ist eine teuflische Sache.
Es wird so viel von der Einheit gesprochen. Sprechen wir besser von Einigkeit[147]. Die Einigkeit streben wir an, das ist das, wofür, wie wir glauben, der Sozialismus die gegebene Theorie und Lebenshaltung ist, aber nicht das, was uns heute in vielen Zeitungsartikeln und als politische Parole

entgegengehalten wird: »Jeder, der gegen die Einheit ist, ist ein Verbrecher!« Das führt dahin, daß man in Rußland die »monolite« Partei fordert; sie muß sein wie ein Steinblock. Das ist eine furchtbare Konsequenz und hat nichts zu tun mit dem Sozialismus. Von dort droht die Gefahr für die sozialistische Einheit. Das muß man mit aller Ruhe und Schärfe, aber auch Unversöhnlichkeit sagen.

Korrekturen Wehners am stenographischen Protokoll

1. »einige Erfahrungen« durch »Erfahrungen« ersetzt.
2. »braucht« durch »brauchte« ersetzt.
3. »auf dem Marsch« durch »dabei« ersetzt.
4. »hat« durch »hätte« ersetzt.
5. »auch nicht« durch »nicht« ersetzt.
6. »eigentlich nur noch übrig« durch »oft der Eindruck« ersetzt.
7. »werden« durch »würden« ersetzt.
8. »Reglement« durch »Temperament« ersetzt.
9. »meistens« durch »aber meist« ersetzt.
10. »fragt« durch »prüft« ersetzt.
11. »bedarf« durch »bedürfte« ersetzt.
12. »Sieg des« hinzugefügt.
13. »Ruinen und Kälte und Hunger und Not« durch »Ruinen, Kälte, Hunger, Not« ersetzt.
14. »mehr als« durch »vor allem« ersetzt.
15. »daß« hinzugefügt.
16. »als Zeichen dafür« hinzugefügt.
17. »nur« hinzugefügt.
18. »ganzen« durch »Bereitschaft ganzer« ersetzt.
19. »politisch wägbaren« hinzugefügt.
20. »immer wieder« durch »oft« ersetzt.
21. »vielen« durch »verschiedenen« ersetzt.
22. »dabei« hinzugefügt.
23. »Rezeption« durch »Konzeption« ersetzt.
24. »lassen« durch »läßt« ersetzt.
25. »einfach« hinzugefügt.
26. »und aus dieser Behauptung eine Wissenschaft gemacht hat, oder vielmehr sie zu einer Wissenschaft deklariert hat« durch »den Sozialismus zu einer Wissenschaft gemacht habe« ersetzt.
27. »wurde das klar« hinzugefügt.
28. »das« durch »es« ersetzt.
29. »daß man die Beziehungen zwischen proletarischem Klassenkampf und der sozialistischen Idee klargelegt hatte« hinzugefügt.
30. »dieser« durch »der einfachen« ersetzt.
31. »der Befreiung,« durch »von« ersetzt.
32. »allen« durch »den« ersetzt.
33. »,« durch »und« ersetzt.

34. »die scharfe Trennung von anderen freiheitlichen und humanitären Bewegungen« hinzugefügt.
35. Den anschließenden Satz »Über die Vergangenheit könnte man hohnlachend hinweggehen und sagen, sie war reaktionär.« gestrichen.
36. »nahm« durch »legte« ersetzt.
37. »der Träger« hinzugefügt.
38. »zugrunde« hinzugefügt.
39. »sich um« hinzugefügt.
40. »war« durch »handelte« ersetzt.
41. »sonstwer« durch »andere« ersetzt.
42. »den« durch »die« ersetzt.
43. »meist« hinzugefügt.
44. »der sogenannte Klasseninhalt« durch »die Bewertung des sogenannten Klasseninhalts von freiheitlichen und humanitären Bestrebungen der Vergangenheit« ersetzt.
45. »Zur Rede gestellt, will keiner« durch »Bei keinem« ersetzt.
46. »das wahrhaben« durch »ist das ganz klar gesagt« ersetzt.
47. »sie« durch »ihre Epigonen« ersetzt.
48. »Was groß und edel ist« hinzugefügt.
49. »der beweist« hinzugefügt.
50. »in« durch »im Rahmen« ersetzt.
51. »darauf schließen läßt« durch »als Maßstab dafür gilt« ersetzt.
52. »ökonomischen« hinzugefügt.
53. »in ihr sich« durch »sich in ihr« ersetzt.
54. »praktische Tuchfühlung« durch »Tuchfühlung« ersetzt.
55. »der Sozialismus hat sich damit getrennt und« durch »und« ersetzt
56. »die andere Seite dieser Auswirkung« durch »die Auswirkung nach der anderen Seite« ersetzt. In der Druckvorlage wurde statt »Auswirkung« fälschlicherweise »Ausrichtung« abgeschrieben.
57. »einfach zum« durch »zum« ersetzt.
58. »man« hinzugefügt.
59. »das Ergebnis, der Sozialismus,« durch »der Sozialismus« ersetzt.
60. »nicht genützt, sondern geschadet« durch »geschadet« ersetzt.
61. »Organisationen der« hinzugefügt.
62. »mitunter« hinzugefügt.
63. »des Generalstabs« hinzugefügt.
64. »auch religiösen« durch »religiösen« ersetzt.
65. »nur (nicht?)« durch »ausschließlich« ersetzt.
66. »noch eingeschränkt« durch »eingeschränkt« ersetzt.
67. »von der Rolle« hinzugefügt.

68. »solchen« hinzugefügt.
69. »verschiedenen« durch »Verschiedenheiten dieser« ersetzt.
70. »es« durch »Die dieser Lehre entsprechende Praxis« ersetzt.
71. »Versklavung. Versklavung nicht nur materieller Art, ich denke vor allem geistiger Art,« durch »Versklavung,« ersetzt.
72. »falsch« durch »fälschlicherweise« ersetzt.
73. »wahrscheinlich« hinzugefügt.
74. »sagte« durch »sagt« ersetzt.
75. »was« durch »das« ersetzt.
76. »selbsttätig« hinzugefügt.
77. »totalitären« durch »totalisierenden« ersetzt.
78. »von« hinzugefügt.
79. »dem Gesichtspunkt« durch »den Gesichtspunkten« ersetzt.
80. »die in vielen« durch »in denen viele« ersetzt.
81. », daß sie nichts« durch »nichts« ersetzt.
82. »Der« durch »Dieser« ersetzt.
83. »von Organisation« hinzugefügt.
84. »der Totalitarismus mit dem« hinzugefügt.
85. »der gegenwärtige« durch »bei dem gegenwärtigen« ersetzt.
86. »ein Kampf ist, der widerspiegelt den Kampf zwischen großen ökonomischen Kräften, einerseits denen, die sich auf die alten organisch entwickelten internationalen Monopole stützen, und auf der anderen Seite, die sich stützen auf die Kräfte derer, die sich als die jetzt Zukurzgekommenen bezeichnen, die also nationale im Gegensatz zu internationalen Monopolen entwickelt haben.« durch »die totalitären Tendenzen Ausdruck ökonomischer Kräfte sind, die die Interessen neuer nationaler Monopole vertreten im Kampf gegen die alten organisch entwickelten internationalen Monopole und ihre Vertreter.« ersetzt.
87. »machen kann oder überhaupt irgend etwas« durch »oder überhaupt irgend etwas machen kann« ersetzt.
88. »,« durch ». Diese« ersetzt.
89. », die aber« durch »sind aber« ersetzt.
90. »zurückgetreten sind« durch »zurückgetreten« ersetzt.
91. »aber« durch »sind sie aber« ersetzt.
92. »weiter« hinzugefügt.
93. »worden sind« durch »sind« ersetzt.
94. »ihren Trägern« hinzugefügt.
95. »weiter« hinzugefügt.
96. »noch mit« durch »mit noch« ersetzt.
97. »nicht heute« durch »heute« ersetzt.
98. »nicht« hinzugefügt.
99. »Totalitarismus« durch »Doktrinarismus« ersetzt.
100. »daneben« durch »aber« ersetzt.

101. »dadurch« hinzugefügt.
102. »so unantastbar« durch »unantastbar« ersetzt.
103. »als« durch »wie« ersetzt.
104. »hier« hinzugefügt.
105. »bei einigen Genossen« hinzugefügt.
106. »rede« durch »redete« ersetzt.
107. »überhaupt« hinzugefügt.
108. »bin hierhergekommen« durch »bin« ersetzt.
109. », gekommen,« hinzugefügt.
110. »in der Diskussion« hinzugefügt.
111. »Kommissionen« hinzugefügt.
112. »kämpfen« durch »kämpften« ersetzt.
113. »kämpfen wollten« durch »zu kämpfen meinten« ersetzt.
114. »Und so wie« durch »Wie« ersetzt.
115. »Man hat gedacht: Vielleicht geht man dabei vor die Hunde, aber man ist dann ehrlich vor die Hunde gegangen.« durch »Man hat schon vieles mißbilligt, aber gedacht, daß man aushalten müsse, auch wenn man dabei vor die Hunde geht.« ersetzt.
116. »Das« durch »Es« ersetzt.
117. »der« durch »ein wertvoller« ersetzt.
118. »der« durch »von Ergebenheit zu den« ersetzt.
119. »worden« hinzugefügt.
120. »nennen« durch »bezeichnen« ersetzt.
121. »sondern« durch »denn« ersetzt.
122. »dazu« hinzugefügt.
123. »versuchen« durch »suchen« ersetzt.
124. »sondern verteidigen,« hinzugefügt.
125. »fremd ist dem Sozialismus« durch »dem Sozialismus fremd ist« ersetzt.
126. »der Träger dieser Tendenzen« hinzugefügt.
127. »zur Arbeiterbewegung« hinzugefügt.
128. »mit« durch »bei« ersetzt.
129. »oder hier wird nicht formalistisch geurteilt« durch »und ich mache keine formalistische Gleichstellung« ersetzt.
130. »einer« durch »sogar« ersetzt.
131. »Tendenzen in der« hinzugefügt.
132. »geschafft« durch »geschleudert« ersetzt.
133. »also nur« durch »nur« ersetzt.
134. »Und das« durch »Das« ersetzt.
135. »zu sprechen« hinzugefügt.
136. »schon so groß ist« durch »so akut wäre« ersetzt.
137. »deswegen« hinzugefügt.
138. »aus« durch »in« ersetzt.
139. »gehabt« hinzugefügt.

140. »m. M. nach« durch »m. E.« ersetzt.
141. »äußerlichen« hinzugefügt.
142. »Sieben Kreuze« durch »Das siebte Kreuz« ersetzt.
143. »so« hinzugefügt.
144. »anführen« durch »aufführen« ersetzt.
145. »Hier« durch »Dort« ersetzt.
146. »ist eine geistige Leistung, – das mag bewundern wer mag,« durch »das mag als geistige Leistung bewundern wer mag,« ersetzt.
147. »Warum spricht man nicht von Einigkeit?« durch »Sprechen wir besser von Einigkeit.« ersetzt.

Register

Joschka Fischer
Risiko Deutschland

Krise und Zukunft der deutschen Politik

Gebunden

Mit seinem Buch *Risiko Deutschland* legt Joschka Fischer eine Bestandsaufnahme deutscher Politik nach dem Ende der deutschen und europäischen Teilung vor und fragt nach den Ursachen der tiefen Krise, in die die deutsche Innen- und Außenpolitik geraten ist. Dies gilt für den europäischen Integrationsprozeß wie für das Verhältnis zu den osteuropäischen Staaten, für Deutschlands militärische Rolle wie für die wirtschaftliche und ökologische Sackgasse, in der sich das Land befindet. Und nicht zuletzt gilt es für die Krise der westlichen Demokratie.
Mit Nachdruck und frei von politischen und ideologischen Scheuklappen entwirft Joschka Fischer auf der Grundlage dieser Analyse eine Alternative für die deutsche Politik am Ende dieses Jahrhunderts, die in den Debatten des »historischen« Wahljahrs 1994 eine Rolle spielen wird.

Peter Sichrovsky
Unheilbar deutsch

Rechte Schicksale und
Lebensläufe

Broschur

Dieses Buch versucht, das große Spektrum der Rechten in diesem Land zu erfassen. Menschen kommen zu Wort, die unzufrieden mit den gegebenen Verhältnissen sind und eine Änderung herbeisehnen. Hausfrauen, Politiker, Rentner, verurteilte Kriminelle, Studenten, Lehrer und Mitglieder der extremen Rechtsgruppierungen sprechen über die Motive ihrer Entscheidungen und ihre politischen Ansichten.

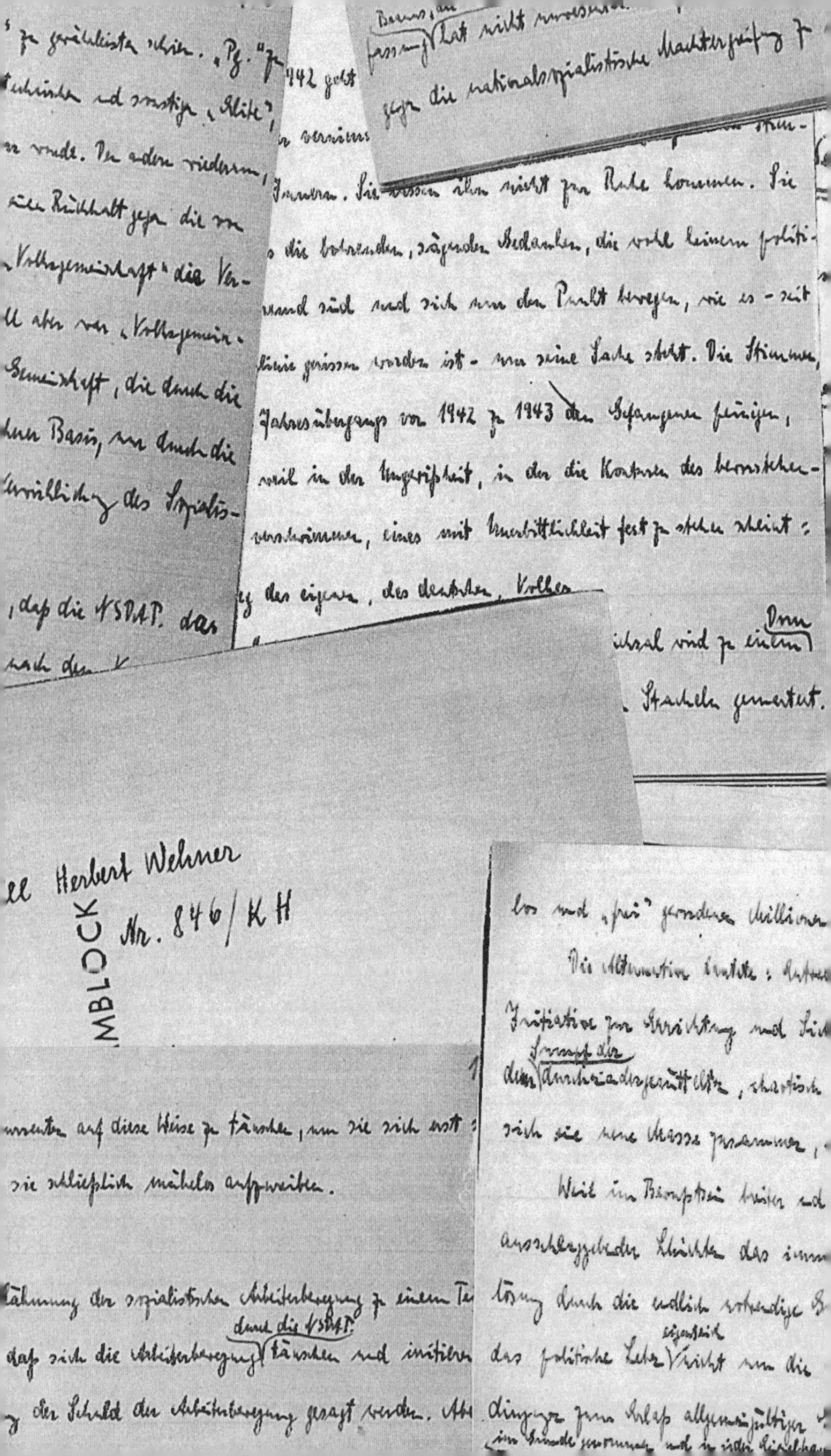
gegen die nationalsozialistische Machtergreifung
Innern. Sie lassen ihn nicht zur Ruhe kommen. Sie
die bohrenden, nagenden Gedanken, die wohl keinem politi-
wand sind und sich um den Punkt bewegen, wie es – seit
Linie gerissen worden ist – um seine Sache steht. Die Stimmung,
Jahresübergang von 1942 zu 1943 den Gefangenen peinigen,
weil in der Ungewißheit, in der die Konturen des bevorstehen-
verschwimmen, eines mit Unerbittlichkeit fest zu stehen scheint:
des eigenen, des deutschen Volkes
Herbert Wehner
Nr. 846/KH
MBLOCK
auf diese Weise zu täuschen, um sie sich erst
sie schließlich mühelos aufzureiben.
Lähmung der sozialistischen Arbeiterbewegung zu einem
der Schuld der Arbeiterbewegung gesagt werden.
Die Alternative lautete:
sich eine neue Masse zusammen,